성공적인 독일유학을 응원합니다

저자 김주상

**독일 음대
유학 가이드북**

초판 1쇄 발행  2025. 1. 2.

**지은이**   김주상
**펴낸이**   김병호
**펴낸곳**   주식회사 바른북스

**편집진행**  황금주
**디자인**   김민지

**등록**   2019년 4월 3일 제2019-000040호
**주소**   서울시 성동구 연무장5길 9-16, 301호 (성수2가, 블루스톤타워)
**대표전화** 070-7857-9719  |  **경영지원**  02-3409-9719  |  **팩스**  070-7610-9820

•바른북스는 여러분의 다양한 아이디어와 원고 투고를 설레는 마음으로 기다리고 있습니다.

**이메일**   barunbooks21@naver.com  |  **원고투고**  barunbooks21@naver.com
**홈페이지**  www.barunbooks.com  |  **공식 블로그**  blog.naver.com/barunbooks7
**공식 포스트** post.naver.com/barunbooks7  |  **페이스북**  facebook.com/barunbooks7

ⓒ 김주상, 2025
**ISBN** 979-11-7263-148-2  13370

• 파본이나 잘못된 책은 구입하신 곳에서 교환해드립니다.
• 이 책은 저작권법에 따라 보호를 받는 저작물이므로 무단전재 및 복제를 금지하며,
이 책 내용의 전부 및 일부를 이용하려면 반드시 저작권자와 도서출판 바른북스의 서면동의를 받아야 합니다.

\* MUSIKSTUDIUM IN DEUTSCHLAND \*

# 독일 음대 유학 가이드북

김주상 지음

**MUSIKSTUDIUM IN DEUTSCHLAND**

## 저자 소개

**"진지하고 헌신적이며
음악적 재능과 견고한 테크닉을 가진
열정적인 피아니스트"**

— 엘다 네볼신(Eldar Nebolsin) —

피아니스트 김주상은 17세에 도독하여 당시 최연소로 베를린 한스 아이슬러 음악대학에서 엘다 네볼신(Eldar Nebolsin)의 지도 하에 학부(Bachelor of Music) 및 동 대학원 석사(Master of Music)과정을 최고점으로 졸업한 후 영국 리즈대학교(University of Leeds, School of Music)에서 박사과정(PhD in Music Performance)을 우수한 성적으로 졸업하였다.

콘라드 엥겔(Konrad Engel)에게 피아노 교수법을, 가브리엘 쿠퍼나겔(Gabriele Kupfernagel), 요나탄 아네어(Jonathan Aner), 비르기타 볼렌베버(Birgitta Wollenweber) 등에게 실내악을 사사하였다. 재학 중 독일의 국가장학금인 DAAD(Deutscher Akademischer Austauschdienst) 및 교내 장학금을 받았다.

 드미트리 바쉬키로프(Dmitri Bashkirov), 드미트리 알렉세예프(Dmitri Alexeev), 리하르트 브라운(Richard Braun), 나탈리아 쇼히레바(Natalya Shokhireva), 예카쩨리나 메체티나(Ekaterina Mechetina), 베른트 괴츠케(Bernd Gözke), 뵈른 레만(Björn Lehmann), 엘레나 마골리나(Elena Margolina-Hait), 콘스탄제 아익호스트(Konstanze Eickhorst), 안드레아스 베버(Andreas Weber), 안드레아 루체시니(Andrea Lucchesini), 크리스토프 리스케(Christoph Lieske), 페터 랑(Peter Lang)에게 음악적 견해를 배웠다.

 스위스 루가노에서 열린 Iscart International Music Competition에서 1위, 폴란드 International Piano Competition Paderewski in Memorium에서 1위, 캐나다의 North American Virtuoso International Music Competition에서 Gold Medal을 수상하였고 에스토니아 탈린에서 열린 Music and Stars Awards에서 Gold Star를 수상하며 매거진에 인터뷰 기사가 게재되었다. 모스크바 국제 음악 콩쿨에서 2위, 스페인에서 열린 리스트 국제 피아노 콩쿨에서 2위, 벨기에 브뤼셀에서 열린 클라라 슈만 국제 콩쿨에서 2위 없는 3위를 수상, 이태리 부조니 오케스트라에서 주최한 부조니 국제 음악

콩쿨에서 1위를 수상하였다.

 스페인 KNS Classical 음반사의 소속 아티스트로《Mosaic》앨범 발매 및 유럽을 중심으로 활발한 연주 활동을 하고 있는 김주상은 국내 클래식 음악 기획사이자 레이블인 판타지아의 대표직을 맡고 있으며 바른북스 출판사를 통해 출간된 도서《음악해서 뭐 먹고 살래?》를 시작으로 작가이자 교육자로도 활동 중이다.

프롤로그

# 독일 음악대학 유학을
# 고민하는 너를 위해

이 책을 읽고 있는 당신은 독일 음악대학 유학에 관심이 있거나 유학을 준비, 혹은 이미 유학 중에 있는 사람일 것이다. 독일 음악대학에 유학한 한국인 학생들이 많음에도 독일 음악대학 유학에 관한 안내서나 책이 마땅히 없다는 것을 발견했고, 나름 독일에서 산전수전 다 겪어봤다 자부하는 내가 나서서 가이드북을 만들어 보자는 생각으로 책을 쓰기 시작했다.

요즘은 세상이 좋아져서 온라인 커뮤니티에서 웬만한 궁금증을 해결하고 현지 유학생들과 정보를 공유하며 유학을 준비할 수 있다. 하지만 모두가 충분한 정보를 가지고 시작하지 않기에, 이 책에 가능한 많은 정보들을 담아내 보려고 한다.

국내대학에서 학사를 졸업하고 독일로 대학원을 진학하는 사람은 이미 유학을 떠나 공부 중인 선배나 후배들의 도움을 받을 수 있지만, 조기유학으로 어린 나이에 학사부터 유학을 떠나는 사람에게는 유학에 대한 현실적인 이야기들과 정보가 필요할 것이다.

한국인 유학생을 많이 봐왔고, 음악캠프에서 통역을 하며 유학을 준비하는 한국 학생들의 여러 고민과 질문에 답하며 언젠가는 독일 음악대학 유학을 위한 책을 쓰겠다고 다짐했다.

원고 작성에 앞서 인터넷과 대형 서점에 독일 음악대학 유학에 관한 책이 있는지 찾아보았는데 독일 미대 입시, 인문대나 공대 유학, 독일에서 생활하는 방법에 관한 책은 몇 권 있었지만, 음악대학 유학에 관한 책은 단 한 권도 없었다.

좋은 기회라는 생각에 책을 쓰는 것을 하루도 미룰 수가 없어 글을 써 내려가기 시작했고 최대한 아무 정보도 없는 사람을 기준으로 친절하게 쓰려고 노력했다. 앞에서 언급했듯이 온라인 커뮤니티가 잘 구축되어 있기에 책에 없는 내용들은 커뮤니티를 통해 알아보면 된다. 하지만 이 책에 담긴 저자 김주상의 유학 생활 노하우만큼은, 자부하건대 커뮤니티에서 얻는 정보보다 더 가치 있다고 믿는다.

# 목차

**저자 소개** "진지하고 헌신적이며 음악적 재능과 견고한 테크닉을 가진 열정적인 피아니스트" – 엘다 네볼신(Eldar Nebolsin) –

**프롤로그** 독일 음악대학 유학을 고민하는 너를 위해

##  독일 유학을 고민하는 너에게

| | |
|---|---|
| 왜 독일 음악대학 유학인가? | 016 |
| 독일 음악대학 목록 | 021 |
| 독일 음악대학의 학위과정 | 030 |
| 대학 외의 음악교육기관 | 034 |

## 2장 입시를 준비하는 과정

| | |
|---|---|
| 요구되는 능력 만들기 | 038 |
| 입시 요강 찾아보기 | 042 |
| 원서 접수를 위한 서류 준비 | 056 |
| 입시를 보러 독일에 가면 | 058 |
| 독일 입시에 대한 이해 | 064 |
| 시험장에서 어떻게 해야 할까? | 074 |

## 3장 합격 이후 독일에 정착하기

| | |
|---|---|
| 학교에 등록하기 | 078 |
| 독일에서 집 구하기 | 081 |
| 휴대전화 개통하기 | 092 |
| 은행 계좌 만들기 | 097 |
| 건강보험 가입하기 | 100 |
| 비자 신청하기 | 110 |

**4장** 독일 음악대학 새내기를 위한 안내서

독일 음악대학 커리큘럼 … 120
장학금을 받는 방법 … 123
수강 신청 방법과 학점 관리 … 128
학생의 권리 … 134

 **5장** 완전한 귀국을 위한 정리

집 계약 해지하기 … 140
건강보험 해지하기 … 143
휴대전화 해지하기 … 146
은행 계좌 해지하기 … 148
귀국 짐 정리하기 … 151
학위 및 각종 서류 공증 … 156

## 부록

베를린 아포스티유 안내(Apostille/Legalization)

입학 허가서 예시(Zulassungsbescheid)

이력서 예시(Lebenslauf)

전공별 커리큘럼 예시(Hanns Eisler, München)

거주지 신고 예시(Anmeldebestätigung)

집 계약서 예시(Wohnungsvertrag)

은행 서류 예시(Bankdokumenten)

건강보험 가입확인서(Krankenversicherungsbescheinigung)

학교 서류 공증 예시(Beglaubigung/Apostille)

월세 완납 증명서 예시(Mietschuldenfreiheitsbestätigung)

거주지 해지 확인증(Abmeldung)

주독일 대한민국 대사관에서 공인한 통역사 및 번역사

온라인 커뮤니티

1장

# 독일 유학을
# 고민하는 너에게

MUSIKSTUDIUM IN DEUTSCHLAND

# 왜 독일 음악대학 유학인가?

독일로 음악 유학을 결심한 당신에게 묻겠다. 왜 독일 유학인가?
선생님, 선후배, 주변인의 추천 또는 본인의 선택일 것이다. 독일로 음악 유학을 가는 이유 중 하나는 독일이 가진 음악적 전통과 비교적 낮은 유학비용이라 생각한다. 미국도 음악 유학으로 사랑받는 나라지만 많이들 독일 유학을 선택하는 것은 학비와 생활비 등의 유학비용도 크게 작용을 할 것이다.

서양 음악사를 살펴보면 바흐, 베토벤, 슈타미츠, 브람스, 슈만, 라이네케 등 알만한 음악가들이 독일 출신이다. 오래전부터 클래식 음악을 향유하던 독일은 클래식 음악을 공부하기에 좋은 나라라고 할 수 있다.

독일 유학의 장점으로는 등록금이다. 한 학기에 몇백만 원의 대학 등록금을 내는 한국과 달리 독일대학의 등록금은 없거나 매우 낮다. 학비라기보다는 교통권과 학교발전기금 등의 명목으로 50만 원에서 100만 원 정도의 돈을 내는데, 최근 음악대학들이 학비를 받기 시작하여 1,500유로에서 2,000유로 정도의 학비를 받는 학교들이 늘어나고 있다. 그럼에도 한국보다 등록금이 적다는 것은 독일 음악대학 유학을 선택하는 이유가 될 수 있다.

다른 장점으로는 다양한 경험이다. 독일에서 학생 신분으로 받을 수 있는 혜택들이 있는데, 박물관, 미술관, 공연 관람 등의 티켓을 할인받는다. 음악 전공자로서 가장 기쁜 혜택으로는 전자 악보 무료 사용과 베를린 필하모니 디지털 콘서트홀 무료 구독, 현장 공연 리허설 참관과 필하모니 공연 및 콘서트 하우스의 공연들에서 학생 가격으로 공연을 볼 수 있다는 것이다.

마르타 아르헤리치, 막심 벤게로프, 소콜로프, 안네 소피 무터, 야니네 얀센 등 유명 연주자의 공연은 티켓팅도 어렵고 티켓을 살 수 있더라도 100유로가 넘어가는 게 보통이기에 부담이다. 하지만 학생 가격으로는 대부분 5유로에서 15유로 정도의 금액이며, 현장 발매이기 때문에 일찍 줄만 잘 서면 저렴한 가격에 좋은 공연을 볼 수 있다.

학생 자격으로 건강보험도 공보험에 가입할 수 있다. 후에 언급하겠지만 공보험의 경우 나이 제한이 있어 학생이라도 가입이 안 되는 경우가 있으나 그럼에도 대부분 학생은 가입자격이 되기에 병원 진료와 약제비 등 혜택을 받을 수 있다. 대학이나 시에서 운영하는 문화 활동도 참가 가능하다. 이외의 사설 업체에서도 학생 할인을 제공하는 곳이 많아 혜택을 받을 수 있다.

애플 코리아도 대학생에게 할인된 가격으로 제품을 판매하는데, 독일도 'UNIDAYS'라는 플랫폼을 통해 애플, 젠하이저, 나이키, 아디다스, 화웨이 등 다양한 브랜드의 상품을 학생 할인을 받아서 구매할 수 있다.

음악 전공자인 내가 우니데이즈를 통해 가장 크게 본 혜택으로는 코로나 팬데믹 기간 동안 녹음을 위해 마이크를 구매한 일이다. 젠하이저의 스튜디오 마이크를 우니데이즈에서 학생 할인 가격으로 70% 할인받아 구매했다. 할인 없이 정가로 구매한다고 생각하면 꽤 비싼 가격이다.

학교에서 제공하는 교환학생 프로그램으로 Erasmus-Exchange를 신청해 다른 유럽 국가들로 교환학생을 다녀올 수도 있다. 한국 대학에서도 교환학생을 갈 수 있지만 독일의 경우 다른 유럽 국가로 교환학생을 다녀와서 다시 독일에서 공부한다는 점이 다르다.

독일에 살다 보면 외국어 능력도 키울 수 있다. 독일에서 유학하려면 독일어를 필수로 배워야 하며 학교를 무사히 졸업하려면 어느 정도의 유창한 독일어 실력을 갖춰야 한다.

유럽 국가들은 서로 자유롭게 왕래하고 교류하기 때문에 유럽 사람들은 기본적으로 3개에서 5개의 언어를 구사한다. 전 세계 공통으로 모국어와 영어 2개 국어를 배우지만 유럽 사람들은 추가로 2개에서 3개 정도의 다른 유럽 국가 언어들을 습득한다.

유학 생활을 하며 친구들과 어울리다 보면 자연스럽게 조금씩 다른 언어들도 익히게 되며, 외국인이 독일인보다 많은 독일 음악대학의 특성상 대부분 일상대화를 영어로 하는 경향이 있어 영어 실력도 향상된다.

앞에서 언급했듯 유럽 국가들은 서로 자유롭게 왕래하고 교류한다는 점을 이용해 유학 생활 동안 유럽 여행을 할 수도 있다. 한국에서 출발해서 가는 유럽 여행보다 경비가 훨씬 덜 들 것이고 가까운

거리는 당일치기도 가능하다.

  다양한 이유가 있겠지만 독일 유학의 장점들을 나열해 보자면 위와 같다. 장점이 있으면 단점이 있다는 것은 너무나 당연한 사실이지만 이제 막 유학을 준비하는 독자에게 좌절을 심어주고 싶지 않으니 언급하지 않겠다. 책의 중반부와 후반부, 그리고 실제 유학을 나가서 체험하며 단점을 알게 되리라 생각한다.

MUSIKSTUDIUM IN DEUTSCHLAND

# 독일
# 음악대학 목록

독일 음악과 오케스트라 연합(Deutsche Musik-und Orchestervereinigung)에서 정리한 독일의 음악대학은 총 24개이다.

### Hochschule für Musik „Hanns Eisler" Berlin

베를린 한스 아이슬러 음악대학
홈페이지 : *www.hfm-berlin.de*

## Universität der Künste Berlin

베를린 예술대학
홈페이지 : *www.udk-berlin.de*

## Hochschule für Künste Bremen

브레멘 예술대학
홈페이지 : *www.hfk-bremen.de*

## Hochschule für Musik Detmold

데트몰트 음악대학
홈페이지 : *www.hfm-detmold.de*

## Hochschule für Musik Carl Maria von Weber Dresden

드레스덴 음악대학
홈페이지 : *www.hfmdd.de*

## Robert-Schumann-Hochschule Düsseldorf

뒤셀도르프 음악대학
홈페이지 : *www.rsh-duesseldorf.de*

## Folkwang Universität der Künste, Essen

에센 폴크방 예술대학
홈페이지 : *www.folkwang-uni.de*

Hochschule für Musik
und Darstellende
Kunst Frankfurt am Main

프랑크푸르트 음악예술대학
홈페이지 : *www.hfmdk-frankfurt.de*

Hochschule
für Musik Freiburg

프라이부르크 음악대학
홈페이지 : *www.mh-freiburg.de*

Hochschule für
Musik und Theater Hamburg

만하임 음악예술대학
홈페이지 : *www.muho-mannheim.de*

## Hochschule für Musik, Theater und Medien Hannover

하노버 음악, 연극 및 미디어 대학
홈페이지 : *www.hmtm-hannover.de*

## Hochschule für Musik Karlsruhe

칼스루에 음악대학
홈페이지 : *www.hfm-karlsruhe.de*

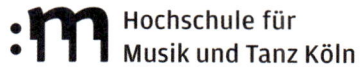

## Hochschule für Musik und Tanz Köln

쾰른 음악 및 무용대학
홈페이지 : *www.hfmt-koeln.de*

## Hochschule für Musik und Theater Felix Mendelssohn Bartholdy Leipzig

라이프치히 음악 및 연극 대학
홈페이지 : www.hmt-leipzig.de

## Musikhochschule Lübeck

뤼벡 음악대학
홈페이지 : www.mh-luebeck.de

## Staatliche Hochschule für Musik und Darstellende Kunst Mannheim

만하임 시립 음악예술대학
홈페이지 : www.muho-mannheim.de

## Hochschule für Musik und Theater München

뮌헨 음악 및 연극 대학
홈페이지 : *www.musikhochschule-muenchen.de*

## Hochschule für Musik Nürnberg

뉘른베르크 음악대학
홈페이지 : *www.hfm-nuernberg.de*

## Hochschule für Musik und Theater Rostock

로스톡 음악 및 연기 대학
홈페이지 : *www.hmt-rostock.de*

## Hochschule für Musik Saar, Saarbrücken

자브뤼켄 음악대학
홈페이지 : www.hfmsaar.de

## Staatliche Hochschule für Musik und Darstellende Kunst Stuttgart

슈투트가르트 시립 음악예술대학
홈페이지 : www.jmdk-stuttgart.de

## Staatliche Hochschule für Musik Trossingen

트로싱엔 시립 음악대학
홈페이지 : www.hfm-trossingen.de

## Hochschule für Musik Franz Liszt Weimar

바이마르 음악대학
홈페이지 : *www.hfm-weimar.de*

## Hochschule für Musik Würzburg

뷔르츠부르크 음악대학
홈페이지 : *www.hfm-wuerzburg.de*

MUSIKSTUDIUM IN DEUTSCHLAND

# 독일 음악대학의 학위과정

독일의 학제가 변하고 있다. 독일이 가지고 있던 학위제도는 포어디플롬(Vordiplom)과 디플롬(Diplom)인데, 디플롬 학위는 석사학위와 동등하게 취급된다. 디플롬 학위는 점점 자취를 감추어 이제는 없어졌다고 할 수 있다. 현재 독일 음악대학에서 제공하는 학위과정은 바첼러(Bachelor, 학사학위), 마스터(Master, 석사학위), 그리고 콘체르트엑자멘(Konzertexamen, 최고연주자 과정), Meisterklasse(마이스터클라쎄, 최고연주자 과정), 포스트그레쥬에이트(Postgraduate, 최고연주자 과정), 쩨르티피캇(Zertifikat, 수료과정), 독토라트(Doktorat, 박사학위)가 있다.

기존 디플롬 학위에서 미국식 학위인 바첼러와 마스터를 도입했고, 최근 많은 음악대학이 박사학위를 새롭게 만들고 있다. 독일에서 음악 공부를 하며 받을 수 있는 가장 높은 학위는 석사학위였다. 이후 최고연주자 과정은 논문을 쓰지 않고 실기 레슨만 1년에서 2년가량 받으며 졸업 연주를 하면 수료증이 나오는 수료 과정인데 한국인 유학생들이 최고연주자 과정을 연주학 박사로 표기하는 것이 관행이다.

박사학위가 없어 최고연주자 과정을 박사로 생각하며 공부하는 학생들을 위해 독일대학들도 박사학위를 도입하기 시작했다. 박사학위와 최고연주자 과정의 차이는 미국의 아티스트디플로마(Artist Diploma)와 박사과정(D.M.A 혹은 PhD)을 비교하면 알기 쉽다. 박사학위 과정은 졸업 연주뿐만 아니라 연구논문을 작성하여 논문이 통과되어야 박사학위를 받는다. 독일에도 박사과정이 생겨나기 시작하며 최고연주자 과정을 더 이상 연주학 박사로 표기하지 않는 사람들이 늘고 있다.

나의 스승인 엘다 네볼신 교수는 엑자멘 과정이 나머지 공부라며 석사 졸업 이후 굳이 필요하지 않다고 조언했다. 가브리엘 쿠퍼나겔 교수 또한 나에게 엑자멘을 꼭 할 필요가 없다고 조언하였고 석사 이후 공부가 더 하고 싶다면 박사과정에 진학하라고 조언해 주었다.

베를린에는 박사과정이 있는 음악대학이 없었고, 영미권에서 박사과정을 해보고 싶은 마음에 영국과 미국을 알아보았고 결국 영국 리즈대학교 음악대학원 박사과정에 진학하여 학위를 받게 되었다.

보통 학사학위부터 'Bachelor of Music', 'Master of Music', 'Konzertexamen', 'Meisterklasse', 'Postgraduate', 'Zertifikat', 'Doktorat'으로 표기하는데 줄여서 B.Mus 혹은 B.M 등으로 표기한다. 석사학위도 마찬가지로 M.Mus 혹은 M.M이다.

독일에서 제공하는 박사학위는 PhD(Doctor of Philosophy)이다. 표기하는 사람에 따라 PhD로 쓰거나 'Ph.D', 'Ph.D.' 등으로 표기하지만 모두 같은 학위다. 음악 박사학위는 크게 PhD와 DMA 두 가지 종류로 나뉘는데, 음악 박사뿐만 아닌 다른 전공의 인문학과 공학 등의 박사들도 PhD 학위를 받는다.

DMA(Doctor of Musical Arts)는 미국에서 생겨난 음악 박사학위로, 논문 분량이 간소화되고 실기를 위주로 실용화한 박사학위다. 최근 DMA 과정에서 논문이 불필요하다는 의견들이 나오기 시작하여 2024년부터 논문 없이 졸업 연주만으로 DMA 학위를 통과시키는 학교가 생기고 있다. 한국에는 서울대학교 대학원이 그렇다. 미국에서 대부분 학교가 DMA를 발급하지만, 아직 PhD를 발급하는 학교들이 많이 있다.

둘 중 어떤 박사학위가 더 좋은지에 대한 것은 언급할 필요가 없다. 영국 왕립음악원(RCM, Royal College of Music)에는 Doctor of Music(D.Mus) 과정이 있는데 PhD, DMA, D.Mus 모두 같은 음악 박사학위이다.

미국과 다른 학위과정으로 많은 오해가 있는 독일 음악대학이지만 지금은 전 세계 공통으로 표준화되어 가고 있다.

MUSIKSTUDIUM IN DEUTSCHLAND

# 대학 외의 음악교육기관

독일 음악대학 이외에 음악교육을 하는 기관으로 아카데미, 뮤직슐레 등이 있다. 아카데미의 경우 음악대학보다 고등교육기관으로 대우받지 못하는 편이다. 보통 음악대학에 진학할 실력이 안 되는 학생들이 아카데미를 선택하는 경우가 많다. 예를 들어 카셀에 있는 카셀 아카데미와 베를린과 뒤셀도르프에 있는 루빈스타인 아카데미, 베를린에 있는 블랙모어 아카데미 등이 있다. 언급한 아카데미들은 최대 석사학위까지 제공한다.

아카데미라도 특수한 경우 음악대학보다 입학이 어려운 곳이 있다. 베를린에 있는 바렌보임 아카데미(Barenboim-Said Akademie)와

프랑크푸르트 근교에 있는 크론베륵 아카데미(Kronberg Academy)가 대표적인 예다. 두 아카데미는 대학 학위를 발급하는 것은 물론, 스타 교수를 초빙하여 어느 정도 경력을 쌓고 활동 중인 어린 학생을 모집한다. 크론베륵 아카데미의 경우 나이 제한이 있어 아무리 실력이 좋아도 24세가 넘으면 입학이 안 된다.

최고의 영재를 최고의 교수진이 가르치는 이 두 아카데미는 한국 학생들에게는 잘 알려지지 않았지만, 독일 현지에서는 음악대학보다 더 들어가기 어렵기로 유명하다. 바렌보임 아카데미는 학생들에게 숙소와 생활비까지 지원한다. 두 아카데미 모두 안드라스 쉬프, 다니엘 바렌보임, 미샤 마이스키 등 거장 음악가들이 교수로 초빙되어 있다.

### 2장

# 입시를
## 준비하는 과정

MUSIKSTUDIUM IN DEUTSCHLAND

# 요구되는
# 능력 만들기

독일로 유학을 떠나기 위해 가장 중요한 것은 어학 능력이다. 아무리 전공 실기를 잘하더라도 말이 안 통하면 말짱 꽝이다. 학교에서뿐만 아니라 일상생활을 위한 언어 능력이 필요하다.

독일에서 유학을 하기 위해 필요한 언어는 영어와 독일어가 기본이고 가능하다면 프랑스어, 이탈리아어, 스페인어, 러시아어도 공부하는 것이 좋다. 유럽연합은 국경을 맞대고 있어 자유롭게 왕래가 가능한 만큼 다양한 언어를 사용하기 때문에 유럽 국가들의 언어를 많이 알고 있으면 여러모로 유리하다.

어학을 공부하는 가장 좋은 방법은 어학원이다. 1:1 과외는 언어를 습득하기에 적합하지 않다고 생각한다. 언어는 여러 사람이 함께 반복하여 꾸준히 듣고 말하고 쓰는 연습이 이루어져야 빠르고 자연스럽게 습득하기 때문이다.

독일 유학을 준비하던 당시 훔볼트 어학원, 괴테 인스티튜트, 시원스쿨, 김범식 독일어 학원 등이 유명했는데, 그중 학동역에 있는 훔볼트 어학원을 선택했었다. A2 과정까지 집중반 수업을 듣고 독일로 떠나 베를린 한스 아이슬러 합격 이후 학교에서 연결해 준 베를린 훔볼트대학교 부설 어학원에 다니며 C1 과정까지 공부했다.

한국에서 빠르게 B1 정도까지의 수업을 듣고 가능하다면 시험을 치러 자격증을 받은 후 독일 현지 어학원에서 다시 B1 수업부터 들으며 어학을 공부하는 것을 추천한다. 알파벳과 기본 단어, 회화표현, 문법을 알고 가는 것과 모르고 시작하는 것은 큰 차이가 있다. 독일에서 배우는 독일어는 당연히 독일어로 가르친다. 언어를 배우지 않은 신생아에게 말을 가르치는 것과 같다. 물론 시간과 노력을 통해 유창한 독일어 능력을 갖추게 될 수도 있지만 미리 공부해 가면 시간을 단축할 수 있다.

음악이론 공부도 중요하다. 한국어로 음악이론을 모르는데 독일어로 음악이론을 공부하려고 하면 이해가 잘되지 않을 수 있다. 먼저 백병동의 《대학음악이론》과 화성학을 공부한 뒤 독일어로 번역하여 공부하는 것이 좋다. 독일어 음악이론 책으로는 《ABC Musik》, 《Musik für Dummies》 등의 쉬운 난도부터 어려운 난이도까지 다양하게 있으니, 인터넷과 서점, 악보가게에서 교재를 찾아 공부하자.

독일 입시에서 가장 중요하게 보는 기초 음악이론 지식은 음자리표와 기보법, 시창청음, 화성학, 클래식 음악곡들에 대한 배경지식 정도다. 가장 까다로운 것은 시창청음인데, 각각의 음을 듣고 무슨 음인지 맞히는 것부터 시작하여 3화음과 7화음, 9화음과 13음까지 추가하여 단조와 장조, 감화음과 증화음 등을 구분하게 한다. 이후 그려준 리듬을 따라 부르는 리듬 시창과 악보를 보고 노래하는 멜로디 시창을 하는데 정확한 음정을 부르지 않으면 감점 요소로 작용한다.

이후 카덴즈(Kadenz) 연주를 하게 되는데, 시험감독마다 방법이 조금씩 다르다. 한스 아이슬러의 세바스티안 스티어 교수의 경우 조성을 제시하고 중간에 위종지와 증6화음을 섞어 연주하라는 요구를 한다. 예를 들자면 C-Dur의 카덴차에서 6도의 위종지(Trugschluss)와 독일 6화음(German Sixth/Übermäßige Quint-sextakkorde)을 포함하라고 제시하는 것이다.

이 또한 공략법이 있기 마련인데, 화성학에서 배우는 종지의 기본형은 1도 - 4도 - 5도 - 1도의 진행이다. 여기에서 조금 더 추가하자면, 1도 - 4도 - 2도+7음(Doppeldominant) - 5도 - 6도(Trugschluss/위종지) - 독일 6화음(German Sixth/Übermäßige Quint-sextakkorde) - 4도 - 5도 - 1도의 진행이 예시가 될 수 있다. 지독한 시험감독관의 경우 전조하여 끝내거나 피카르디 3도를 사용한 종지를 하라는 요구도 한다. 독일 음악이론 입시 경험이 있는 이론 선생님에게 레슨을 받는 것을 추천한다.

 MUSIKSTUDIUM IN DEUTSCHLAND

# 입시 요강
# 찾아보기

　입학시험을 준비하려면 학교마다 시험 요강이 어떻게 나오는지 확인하고 정리해야 한다. 입시 요강은 학교 홈페이지 - Bewerbung 탭에서 확인할 수 있는데, 웹사이트가 불친절한 학교도 있다. 너무 구성이 없어서 찾기 힘든 학교도 있고 사이트가 너무 복잡해서 원하는 정보만 찾아내기 어려운 학교도 있다.

　그래서 이 책에서 2024년 기준 학교별 입시 요강을 찾는 방법의 예시를 보여주려 한다. 원서 접수 포털을 찾는 방법뿐만 아니라 입시 요강을 찾는 방법도 포함되어 있으니, 입시 요강이 바뀌더라도 직접 홈페이지를 탐색하는 방법을 알 수 있을 것이다.

## » 베를린 한스 아이슬러 음악대학

홈페이지 주소 : *https://www.hfm-berlin.de*

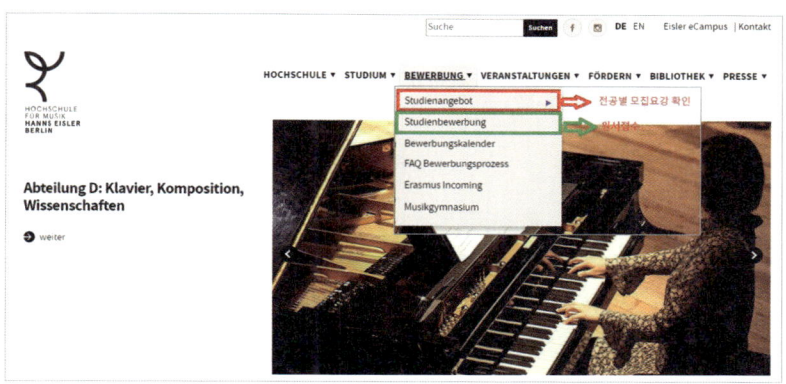

한스 아이슬러 음악대학의 홈페이지에 접속한다. Google 검색창에 'hfm hanns eisler'를 검색하면 한스 아이슬러 음악대학의 홈페이지 링크가 나온다. 홈페이지 메인화면의 메뉴 탭 중 'BEWERBUNG(원서 접수)'를 누르면 세부 메뉴가 나오는데, 위에서부터 'Studienangebot(전공별 안내)', 'Bewerbung(원서 접수)' 이 2개의 탭을 볼 것이다.

원서 접수를 하기에 앞서 전공별로 요구하는 서류들과 시험 곡을 알아야 하기에 'Studienangebot'을 눌러 전공별 세부 요강에 들어간다.

페이지가 열리면 이런 화면이 나오는데, 여기서 본인이 원하는 전공을 선택하면 된다. Klavier(피아노과)를 예시로 눌러서 들어가 보면 아래와 같은 창이 나오는데, 'Allgemeine Informationen(전반적인 정보)', 'Vorauswahl(예선)', 'Zugangsprüfungsprogramm Klavier(피아노과 입시곡)', 'Zugangsprüfungsprogramm Pflichtfächer(부전공 시험, 주로 이론시험에 관한 안내)', 'Bewerbung(원서 접수 안내)'의 총 5개의 탭이 있다.

여기서 예시로 Allgemeine Information 옆의 화살표를 누르면 정보가 펼쳐지며 'Voraussetzung(요구사항: 주로 서류와 관련됨)'을 확인할 수 있다. 어떤 서류를 준비해야 하는지 반드시 확인하도록 한다.

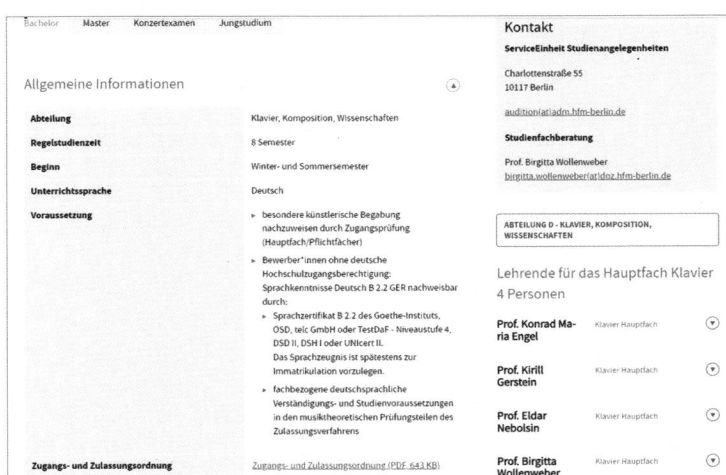

독일어는 B2.2 단계의 자격증을 제출해야 하며 기타 세부 사항은 PDF 파일 링크를 누르면 자세한 내용을 볼 수 있다. 코로나19 이전의 원서 접수는 수기로 작성한 접수 서류를 서류봉투에 담아 학교에 우편으로 제출하는 것이었으나, 지금은 온라인 접수를 선호한다. 한스 아이슬러 음악대학과 뮌헨 음악대학, 함부르크 음악대학 등 많은 학교가 'Muvac' 플랫폼을 통해 원서 접수를 받고 있으며 다른 학교들도 자체 원서 접수 포털을 만들어 서류와 영상파일을 받고 있다.

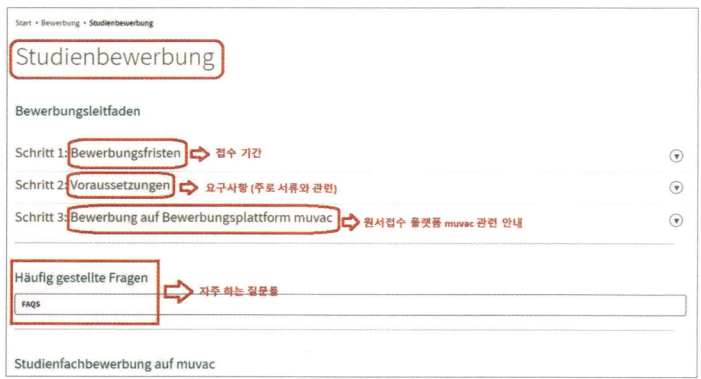

홈페이지 BEWERBUNG 메뉴 세부 탭 두 번째에 있는 'Studienbewerbung'에 들어가면 위와 같은 화면이 나오는데, 1번부터 접수 기간, 요구되는 서류, 원서 접수 플랫폼 'Muvac'에 관한

안내와 아래에는 자주 하는 질문 사항들을 요약한 탭이 있다.

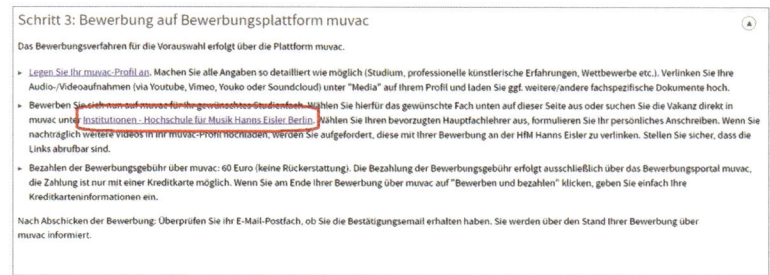

3번 탭의 상세 보기를 눌러 파란색 하이퍼링크를 클릭하면 'Muvac' 페이지로 이동하게 된다.

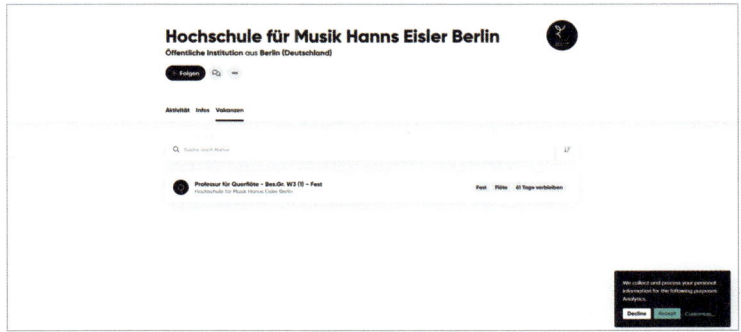

'Vakanzen' 탭을 보면 2024년 1월 28일 기준으로 플루트 교수 채

용접수만 있는데 입학시험 원서 접수 기간이 되면 학사부터 최고연주자 과정까지의 원서 접수 버튼이 생성된다.

» **베를린 예술대학교(UdK)**

UdK 홈페이지 : *www.udk-berlin.de*

* 구글 검색창에 'UdK Berlin' 검색 후 홈페이지를 클릭한다.

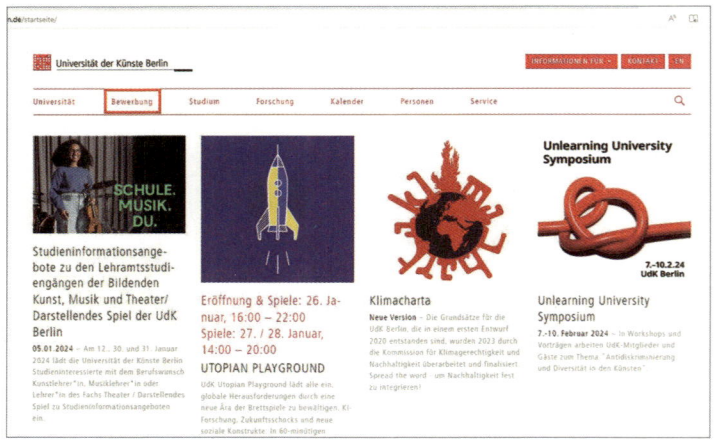

메인 페이지의 메뉴 탭에서 'Bewerbung'을 클릭하면 아래의 화면으로 넘어간다.

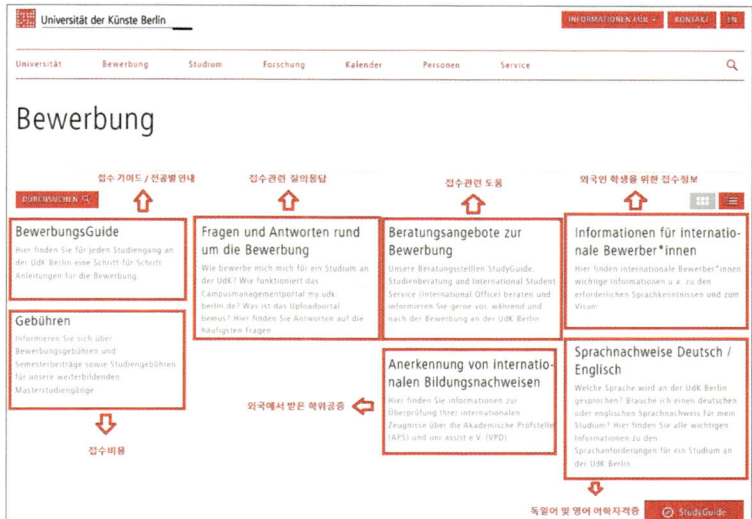

여기서 'BewerbungsGuide'를 클릭하여 넘어가면 전공별 요강을 볼 수 있다.

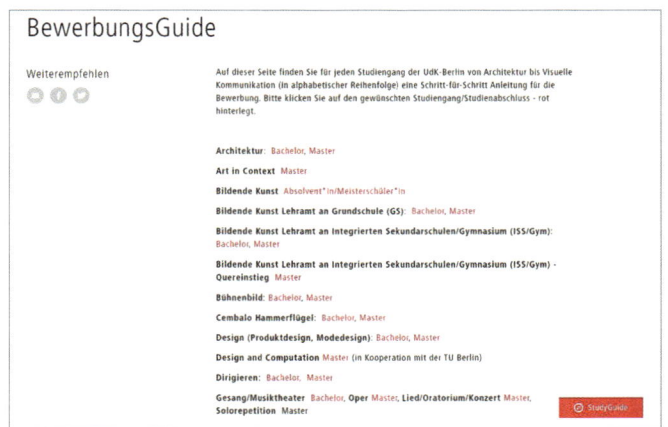

BewerbungsGuide 페이지에 나와 있는 전공 중 'Künstlerische Ausbildung Orchesterinstrumente(오케스트라 악기 솔리스트 과정)'을 눌러 상세 페이지로 들어가면 아래와 같은 화면이 나온다.

이 페이지에서 마우스를 아래로 스크롤 하면 접수 방법과 접수 비용 등의 안내가 나오는데 아래의 화면을 참고하기를 바란다.

이제 원서 접수를 위해 포털에 접속하면 아래와 같은 화면이 나온다.

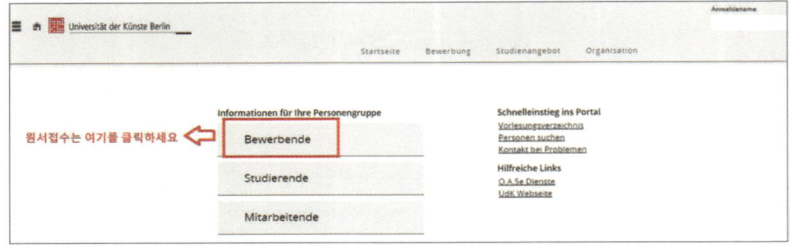

　　포털에서 3개의 버튼 중 가장 위의 'Bewerende'를 클릭하여 다음 과정을 입력하고 파일을 업로드하면 된다.

》 **함부르크 음악대학**

홈페이지 : *www.hfmt-hamburg.de*

\* 구글에 'hfmt hamburg' 검색 후 홈페이지를 클릭한다.

접속하면 메인화면 오른쪽 위에 Online-Bewerbung(온라인 원서 접수) 링크가 있고 입시 요강은 메뉴 탭에서 'MUSIK(음악학과)'을 선택하여 전공별 세부 설명을 확인할 수 있다.

예시로 현악 전공을 클릭하여 들어가면 세부 전공으로 VIOLINE(바이올린), VIOLA(비올라), VIOLONCELLO(첼로) 등의 선택 화면이 나오는데 여기서 'VIOLINE(바이올린)'을 클릭하여 들어가면

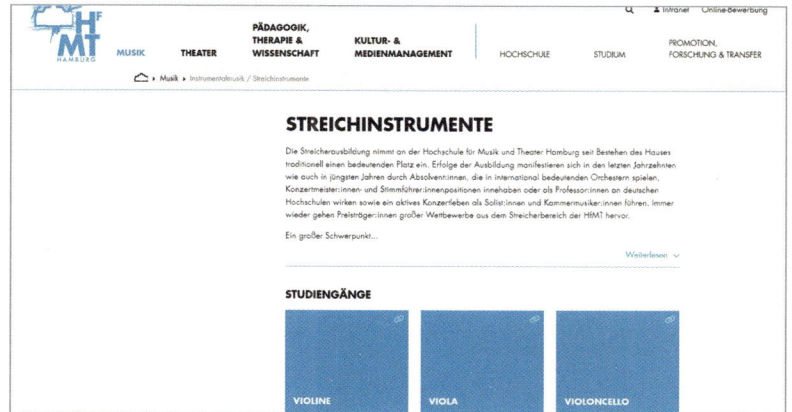

아래와 같이 바이올린 전공에 대한 상세 페이지가 나온다. 여기서 교수진과 원서 접수 방법, 입시 요강을 확인할 수 있다.

입시 요강을 확인하였고 접수할 준비가 되었다면 홈페이지 메인 화면 오른쪽 위의 Online-Bewerbung 링크를 통해 온라인 원서 접수를 시작한다.

온라인 접수창을 열면 위와 같은 화면이 나올 텐데 당황하지 않고 'Neue Bewerbung Starten(새로운 접수 시작하기)'을 눌러 요구하는 서류들을 하나씩 업로드하면 된다.

학교마다 사이트가 조금씩은 다르겠지만 대부분 찾는 방법은 비슷하다. 'Bewerbung'을 키워드로 놓고 찾아 들어가면 찾기 어렵지 않다. 홈페이지에 접속하여 찾는 게 어렵다면 구글 검색에 'hfmt hamburg bewerbung'을 검색하면 바로 접수 안내 페이지 링크를 찾을 수도 있으니 참고하길 바란다.

MUSIKSTUDIUM IN DEUTSCHLAND

# 원서 접수를 위한 서류 준비

위에서 정리한 내용을 보면 알 수 있듯이 독일 음악대학과 대학원에 원서를 접수할 때 필요한 서류들이 있다.

- 여권 사본, 여권 사진(제출한 여권 사본에 있는 사진과 같은 사진)
- Lebenslauf(이력서)
- 독일어 어학 자격증(공증 필요)
- 한국에서 받은 최종 학력에 대한 증명서(공증 필요/고졸의경우 수능 성적표나 검정고시 시험점수가 기재된 결과통지서 및 졸업증명서, 대학 졸업자의 경우 대학교 성적표와 졸업증명서 혹은 재학증명서나 제적증명서)
- 학교에서 제공한 서식에 맞춘 원서 접수 서류
- 때에 따라 추천서가 필요하기도 함(석사과정과 최고연주자 과정)

여권 사본과 여권 사진, Lebenslauf(이력서)와 독일어 어학증명서 제출은 공통 사항이기 때문에 따로 작성하지 않겠다. 이력서와 독일어 어학증명서는 반드시 독일어로 작성하여 주한독일대사관에서 번역공증과 사본 공증을 받아 제출하여야 한다.

### 1. 중학교/고등학교를 졸업하고 학부 과정 시험에 응시하는 경우

최종 졸업학교의 졸업증명서와 성적을 확인할 수 있는 성적표를 독일어로 번역하여 원본과 함께 주한독일대사관에서 번역공증과 사본 공증을 필요한 만큼 받아 학교에 제출한다. 고졸의 경우 수능 성적표나 검정고시 성적표를 독어로 변환하여 주한독일대사관에서 번역공증을 받아야 한다.

### 2. 대학을 졸업하고 대학원 과정 시험에 응시하는 경우

초·중·고등학교 졸업증명서와 대학 성적표, 졸업증명서를 독일어로 번역하여 주한독일대사관에서 번역공증과 사본 공증을 하여 제출한다.

MUSIKSTUDIUM IN DEUTSCHLAND

# 입시를 보러
# 독일에 가면

어학원에 등록하여 B1 과정까지 공부하였고 독일어로 음악이론 공부도 하고 있으며 원서 접수를 마쳤다면 이제 독일로 떠날 준비가 필요하다. 한국과 달리 독일 입시는 날짜만 겹치지 않는다면 얼마든지 중복지원이 가능하다. 입시를 보러 나오는 한국 학생들이 많게는 10개 정도 학교의 입시를 치른다.

독일에 입시를 보러 가면 메인 숙소를 정하고 시험이 있을 때마다 해당 지역으로 이동하는 것이 좋다. 시험 일정에 맞춰서 도시마다 짐을 옮겨 다니는 것보다 도시 한군데를 숙소로 정하고 시험이 있는 날에 당일치기로 오가는 것이 덜 복잡하다.

독일 입시를 위한 메인 체류지로 추천하는 도시는 베를린이다. 독일의 수도이고 국제도시이며 다른 도시로 이동할 교통편이 잘 갖추어져 있기 때문이다. 입시를 보러 가서 소도시나 시골에 숙소를 잡는 것도 방법일 수 있지만 한국에서 있다가 낯선 외국에 나갔는데 아시아 마트, 한인 마트, 한식당, 한인 커뮤니티가 없는 도시는 낯설고 힘들 수 있기에 한국인과 아시아인들의 커뮤니티가 잘 형성되어 있고 교통편도 좋으며 인프라 구축이 잘되어 있는 대도시 중 베를린을 추천한다. 물론 뒤셀도르프나 쾰른, 프랑크푸르트도 나쁘지 않은 선택이다.

독일은 뮌헨과 프랑크푸르트를 제외하면 한국에서 취항하는 직항노선이 없다. 그 말인즉, 한 번의 경유 과정을 거쳐야 한다는 것이다. 앞으로도 지속해서 한국을 오가게 될 것을 고려한다면 유학을 떠나는 시점부터 주로 이용할 항공사를 선택하는 것이 좋다.

항공 동맹은 크게 두 가지로 나뉘는데, 스타얼라이언스(STAR ALLIANCE)와 스카이팀(SKY TEAM)이 있다. 이외에도 원월드, 바닐라 얼라이언스, 에티하드 파트너스 등이 있지만 대한민국에 취항하는 유럽행 노선들은 거의 대부분 스카이팀과 스타얼라이언스 항공사들이다. 각 동맹마다 소속된 항공사들끼리 코드쉐어를 통해 노선을 공유하고 마일리지를 공유한다. 마일리지 그게 모아봤자 얼마나 되겠나 싶겠지만 항공사 한 곳을 정해 꾸준히 이용하면 등급이 높아져 라운지 사용과 우선 탑승, 위탁수하물 무료 추가 등의 혜택을 받을 수 있다. 항공사 등급이 높은 고객에게 오버부킹시 좌석 업그레이드 프로모션 혜택도 우선으로 주어지기에 무시할 수 없다.

저자는 스카이팀 항공사들을 꾸준히 이용해 왔는데, 러시아 유학을 떠날 당시 스카이팀 회원사인 아에로플로트(Aeroflot, 러시아 항공사)를 이용하였고 독일로 유학하는 내내 에어프랑스(Air France, 프랑스 항공사)와 코드쉐어된 대한항공을 이용했다. 4년 정도 꾸준히 마일리지와 탑승 이력을 적립하다 보니 에어프랑스 골드회원(대한항공 모닝캄) 등급이 되어 스카이 프라이어리티(Sky Priority: 우선 탑승, 라운지 이용, 금액당 마일리지 적립률 상향, 무료 위탁수하물 1개 추가 및 기내 수화물 무료 추가) 혜택을 받았다.

그렇기에 유학을 떠나는 시점부터 항공사 하나를 지정하여 꾸준히 이용하는 것을 추천한다. 독일 유학에 추천하는 항공사는 루프트한자(Lufthansa/독일 항공사), 아시아나항공(루프트한자와 코드쉐어 하는 스타 얼라이언스 회원사), 대한항공, 에어프랑스가 있다. 이외에도 카타르항공, 에미레이트항공 등의 중동지역 항공사들을 이용할 수도 있다. 같은 항공연맹에 가입되어 있다면 어느 항공사를 이용해도 원하는 회원사의 마일리지로 적립이 가능하다.

가장 안전한 항공사는 경험상 독일의 루프트한자다. 수하물 분실이 가장 적다. 에어프랑스의 경우 수하물이 자주 지연되거나 분실되는 이슈가 있어 신경 쓰이는 부분이 있다.

입시 날짜에 맞춰서 항공권은 여유 있게 첫 시험 1주일 전으로 끊는 것을 추천한다. 1주일 정도 현지에서 적응 시간이 필요할 것이다. 독일에 도착해서 현지 프리페이드 유심을 사서 갈아 끼우고 사용하기도 하지만 요즘은 로밍서비스가 잘되어 있어서 한국 휴대전화를 로밍해서 사용하는 것이 더 편하다.

여행 비자로 출국하는 것이기 때문에 반드시 한국으로 귀국하는 항공권을 같이 구입해야 한다. 독일로 떠나는 편도 항공권만 있는 경우 독일 입국심사에서 통과되지 않을 수 있으며 현장에서 비싼 가격을 내고 한국으로의 귀국 항공편을 구입해야 하는 상황이 발생한다.

베를린을 목적지로 설정하고 항공권을 결제했다면 독일에서 사용할 신용카드와 현금을 환전하여 준비하자. 주거래은행이 있다면 환전수수료 혜택이 얼마나 되는지 확인하고 다른 은행과도 비교하여 가장 좋은 조건으로 환전하면 된다. 현지에서 사용할 신용카드는 국제결제가 가능한 VISA, MASTER, AMERICAN EXPRESS 제휴사의 일반 신용카드나 트래블월렛 선불카드, 네이버페이 머니 카드를 추천한다. 트래블월렛 카드나 네이버페이 머니카드는 충전된 금액만큼만 사용할 수 있어서 카드 분실 시에도 위험이 적다.

숙소는 호텔과 한인민박, 하숙집 등을 많이 선택하는데 한인민박과 하숙집은 한식으로 식사를 제공한다는 장점이 있지만 주인과의 갈등, 같이 지내는 사람들과의 갈등이 빈번하여 예민한 입시 기간에는 혼자 지내는 것이 좋다.

한인민박보다 호텔을 추천한다. 조식은 호텔에서 먹고 점심과 저녁은 밖에서 사 먹는다. 한 끼에 30유로 정도의 식비를 책정하면 충분히 먹고 지낼 수 있다.

입시를 앞두고 연습실도 알아봐야 하는데, 연습실 때문이라도 베를린을 추천한다. 바이올린, 플루트, 첼로 등 악기가 있는 경우 낮동안 숙소에서 연습이 가능하다면 숙소에서 연습하면 된다. 피아노가 필요한 경우 연습실을 대여하면 되는데, 프리드리히 슈트라세에 있는 무인 피아노 연습실과 빌머스도르프(Wimersdorferstraße)에 있는 뮤직슐레를 많이 이용한다. 지인이 있다면 우데카나 한스 아이슬러 등의 학교 연습실을 대여해 달라고 부탁해 볼 수도 있다.

정리하면, 원서 접수 이후 항공권을 결제하고 숙소와 연습실을 예약한다. 현지에서 식비는 한 끼에 30유로 정도로 책정하고 교통권은 이동량에 따라 적절히 구매하면 된다.

베를린의 경우 BVG에서 교통권을 편도부터 월 단위까지 판매하고 있다. 도시와 도시를 잇는 기차는 앱으로 티켓구매를 하거나 베를린 중앙역에서 여행자들을 위한 저먼패스를 구매할 수 있다.

학교별로 시험 날짜를 잘 확인하고 이동계획을 세우는 것이 바람직하겠다.

# 독일 입시에 대한 이해

독일 음악대학의 입학시험 선발기준에 대해 알고 있는 한국 학생은 거의 없다고 생각한다. 시험 후 결과에 대한 사유를 따로 통지하지 않으며 채점 기준도 명확하게 공지하지 않기 때문이다.

독일 음악대학의 입학시험 방식은 어떻게 보면 상당히 불공정하다. 학교들의 입학시험 규정을 자세히 읽어보면 합격의 기준이 나와 있다. 홈페이지에서 'Zulassungsordnung'을 찾아보면 입학시험에 관한 자세한 규정을 알 수 있다. 심사위원은 몇 명이며 결과는 어떤 방식으로 통지하는지 적혀 있다.

입학시험에서 합격하기 위한 최소 조건은 실기 점수 평균 1점대에 교수진 만장일치로 반대가 없어야 한다. 종종 "Kein Platz" 통지를 받는 수험생이 있는데, 합격은 했지만 티오가 없어서 받아줄 수 없다는 안내이다. 정말 자리가 없어서 못 받아주는 경우도 있지만 대부분 합격 점수에 도달하였으나 교수들이 뽑을 의사가 없는 경우 젠틀하게 돌려 말하는 경우다.

학교 측에서 알리고 싶지 않아 하지만 입학시험에서 점수와 상관없이 교수가 학생을 받기 원한다면 해당 학생을 합격시킬 수 있다. 학부 과정을 마치고 석사과정을 같은 학교에서 하려는 학생 중 지도교수와 Weiter(바이터, 계속 공부하는 것)가 상의되었다면 입학시험 없이 석사과정에 합격하기도 한다.

교수가 학과사무실에 Prioritätsliste(우선선발 명단)을 작성하여 넘기면 해당 목록에 있는 학생은 시험과 상관없이 합격한다. 이 경우 입학시험을 아예 보지 않기도 하지만 보통 예의상 입학시험에 응시하여 시험을 치른다.

한국인뿐만 아니라 다른 나라에서 유학을 오는 학생들도 입학시험 전 교수에게 콘탁 하는 경우가 많다. 콘탁의 장점은 입학시험 전 내가 원하는 교수 앞에서 Vorspiel(포어슈필, 연주를 들려주는 것) 하고 코멘트를 들을 수 있다는 것이다.

　단점 또한 장점과 같은데, 입학시험 전 교수에게 나의 연주를 들려주고 코멘트를 들을 수 있다는 것이다. 교수가 나의 발전 가능성에 대해 긍정적인 평가를 하고 좋은 인상을 가지게 된다면 좋겠지만, 그렇지 않을 때 오히려 입학시험 전에 교수에게 미리 불합격 통보를 받을 수 있기 때문이다.

　교수들이 생각보다 단도직입적인데, 나의 지도교수였던 엘다 네볼신 교수님은 한국인 학생의 콘탁에 나를 불러 통역을 도와달라고 하셨었다. 콘탁 온 한국인 학생은 독일어와 영어로 소통이 가능한 학생이었다. 콘탁을 온 학생의 연주를 들은 네볼신 교수님의 첫마디는 "Ich nehme Sie nicht(나는 당신을 받지 않겠다)."였다. 이후 덧붙여 한 말은 "Ich bin nicht sicher ob meine Kollegen auch Sie nehmen werden(우리 학교의 다른 교수들도 당신을 뽑을지 잘 모르겠다)."였다. 그 말을 들은 한국인 학생이 어안이 벙벙해 말을 못 하고 있자 네볼신 교수님이 나에게 통역하라고 하셨다.

　나의 실패 사례를 예로 들면, 학부 입학을 위해 입시를 준비하던 중 라이프치히 음악대학의 교수인 게라드 파우스(Gerald Fauth)에게 콘탁 했었다. 당시 파우스 교수가 나에게 "너는 아직 어리기 때문에

2년 뒤에 시험을 보러 오면 좋겠다."라고 하며 시험에서 불합격을 주었었다.

준비가 부족한 상태로 여러 명의 교수와 콘탁 하는 것은 시험도 보기 전에 불합격을 미리 받으러 다니는 것과도 같다. 실력이 출중해도 취향에 따라 거절당할 수 있다. 음악과 미술 등 예술은 절대적인 평가가 불가능한 상대적인 평가 영역이기에 그렇지 않을까 생각한다.

개인적 의견으로는 준비를 충분히 하여 콘탁 없이 입학시험을 보는 것을 권한다. 콘탁 하는 학생이 많으므로 콘탁에서 좋은 인상을 남겼다고 입시에서 합격까지 이어진다는 보장이 없다. 입시 당일에 정말 마음에 드는 학생이 있다면 콘탁 한 학생들을 다 제치고 마음에 드는 학생을 뽑는다.

그럼에도 콘탁을 시도한다면 방법을 알려주겠다.

**1. 콘탁 할 교수 정하기**

입학을 원하는 학교와 교수를 정한다. 검색을 통해 학교 홈페이지에 나와 있는 교수의 프로필과 유튜브에 올라온 연주 영상, 레슨 영상을 찾아보고 나와 잘 맞을 것 같은 교수를 찾는다.

### 2. 교수 연락처 목록 만들기

교수와 연락은 이메일로 주고받는다. 학교 홈페이지 교수 정보에 있는 이메일주소는 대부분 학교 이메일주소다. 대부분 교수는 학교 이메일을 수시로 확인하지만, 그렇지 않은 교수도 있기에 학교 이메일주소로 연락을 보내보고 한 달이 지나도 답장이 오지 않는다면 구글에 교수 이름을 검색하고 홈페이지가 있는 경우 개인 이메일주소가 있을 수 있으니 여러 채널을 통해 연락을 시도하자.

### 3. 이메일 보내기

지금부터 콘탁을 시작한다고 봐도 될 정도로 본격적이며 전투적이고 긴장되는 단계다. 이메일을 많이 사용하지 않는다면 작성하는 방법을 잘 모를 수 있다. 이메일도 문서이기 때문에 양식이 정해져 있다.

우선 제목을 작성한다. 제목 밑 내용에는 인사말로 시작하여 자기소개를 한다. 이름, 나이, 국적, 지금까지의 최종 학력이 적힌 문장을 작성한다. 그 뒤로는 이메일 작성하는 이유를 쓰는데, 콘탁을 원하며 언제, 어디서 만날 수 있는지 묻는다. 마지막으로 끝인사를 작성하면 이메일이 완성된다.

가장 중요한 포인트는 '간결함'과 '정확함'이다. 장황하게 긴 내용은 불필요하다. 하려는 말만 간결하고 정확하게 전달하는 것이 이메일의 소통을 원활하게 한다.

독일 음악대학의 교수들은 대부분 독일어와 영어 2개 국어를 구사한다. 독일어 실력을 키워 가급적 독일어로 이메일을 작성하는 것이 바람직하겠으나 영어로 작성해도 문제없이 소통할 수 있다.

### 4. 이메일 예시

콘탁 이메일 작성을 위해 가상의 인물을 설정한다.

이름: 홍길동(Gil-Dong Hong)
성별: 남성
나이: 18세
국적: 대한민국
최종 학력: 고등학교 졸업 후 대학입시를 위해 독일로 떠나는 상황

\* 교수 이름은 편의상 'Mustermann'으로 통일

» **독일어 ver.**

제목: Sehr geehrter Prof. Mustermann/Sehr geehrte Prof. Mustermann

* 성별이 남성일 때 geehrter/여성일 때 geehrte

본문: Hallo. Ich bin Gil-Dong Hong, 18 Jähriger Student aus Korea. Ich habe eine ①Musikoberschule/②Oberschule/③High School(예고 졸업 시 1번, 일반고등학교 2번, 편의상 영어로 High School을 사용해도 무방함) in Korea abgeschlossen und möchte weiter in Deutschland, besonders bei Ihnen studieren.

Vor der Aufnahmeprüfung möchte ich möglicherweise einen Termin bei Ihnen zum Vorspiel haben.

Meine Prüfungsprogramm wäre(입시 곡 프로그램을 나열한다)

J.S.Bach BWV 853

L.V.Beethoven Klaviersonate Op.2 No.1

J.Brahms Klaviersonate No.1

F.Chopin Etude Op.10-1

G.Aperghis Les Secrets Élémentaires

Ich bin ab 1.Juni in Deutschland. Es wäre wunderbar, wenn Sie mir einen Termin nach 1. Juni geben würden. Ich warte auf Ihre Antwort.

Mit freundlichen Grüßen,

Gil-Dong Hong.

첨부파일: Biography.pdf(자기소개서), 연주 영상 링크 첨부, Programmliste(지금까지 공부했던 곡들의 목록)

» **영어 ver.**

제목: Dear Professor Mustermann

본문: Hello, I'm Gil-Dong Hong from South Korea. I'm 18 years old and just graduated high school in Korea. After my high school graduation, I want to study in Germany, especially under your guidance.

Before the exam, if possible, I want to have an appointment for a comment.

I prepared these program below.

J.S.Bach BWV 853

L.V.Beethoven Klaviersonate Op.2 No.1

J.Brahms Klaviersonate No.1

F.Chopin Etude Op.10-1

G.Aperghis Les Secrets Élémentaires

I'll be in Germany from 1. June. I would be appreciate if you give me an appointment after 1. June.

I'll waiting for your positive response.

Best Regards,
Gil-Dong Hong.

첨부파일: Biography.pdf(자기소개서), 연주 영상 링크 첨부, 지금까지 공부했던 곡 목록

답장이 바로 안 와도 차분히 기다려 보자. 연락을 잘 받지 않는 사람이 많고, 개인 시간을 방해받지 않는 걸 원하는 성향의 사람이 있어 길게는 한 달 이상 기다려야 답장이 오기도 한다.

위 예시는 어디까지나 예시이기에 본인의 상황에 맞게 더하거나 빼도 된다. 예시를 그대로 사용하라는 것이 아니다.

### 4. 약속 잡기

이메일에 답을 받았다면 시간약속을 정하게 된다. 다른 일정과 겹치지 않는지 잘 확인하여 일정을 잡으면 되겠다. 여러 명의 교수와 콘탁 시 일정이 겹치지 않게 꼼꼼한 확인이 필요하다.

### 5. 교수와의 만남

콘탁 하러 가는 길에 가볍게 꽃 한 송이나 5유로 미만의 작은 초콜릿 선물 정도는 준비해도 괜찮다. 독일 음악대학의 교수들은 선물을 잘 받지 않는다. 빈손으로 찾아가도 전혀 문제가 되지 않지만, 빈손으로 찾아가기 무안하다면 정말 가벼운 조그마한 성의만 표시하길 바란다.

처음 만나면 인사하고 자기소개를 한다. 이후 준비한 곡들을 연주하고 코멘트를 듣게 된다. 상황에 따라 다르지만, 코멘트와 함께 레슨을 해주시는 교수님도 있다. 콘탁에서 너무 큰 기대감을 드러내지 말고, 코멘트를 듣는다면 빠르게 캐치하고 고쳐나가는 모습을 최대한 보여주는 것이 좋다.

**MUSIKSTUDIUM IN DEUTSCHLAND**

# 시험장에서
# 어떻게 해야 할까?

입시 당일, 시험장에서 본인의 모습이 입시 결과에 영향을 준다면 믿겠는가? 단지 연주만 잘해서는 합격에 가까워질 수 없다. 한스 아이슬러 재학 중 학과사무실에서 입시 때마다 빠지지 않고 일하며 봐온 한국인 학생들이 안타까웠다. 모두가 그런 건 아니지만 대부분 과도한 긴장으로 시험장에 들어가기도 전에 위축되어 있었다. 시험장에서도 오랜 준비로 연주는 무사히 해냈지만 자신감 없고 위축된 모습으로 프로페셔널하게 보이지 않고 아마추어처럼 보였다.

같은 실력의 참가자라도 자신 있고 당찬 사람이 더 뛰어나 보이는 것은 어쩌면 당연하지 않을까? 같은 물건을 판매하는 두 명이 있다면 물건에 대해 자신 있고 확실하게 설명하는 판매자에게 구매할 확률이 더 높을 것이다.

  1년 정도 학교에 다니다가 문득 나를 왜 합격시켰는지 궁금해서 교수님들에게 물어봤다. 솔직한 나의 스승 엘다 네볼신이 말하기를 "네가 특별하게 뛰어난 연주를 하지는 않았다. 하지만 네가 가진 소리와 개성이 맘에 들었고, 어린 나이에 당차게 연주하고 인터뷰하던 모습이 인상적이었다."고 했다. 가브리엘 쿠퍼나겔 교수와 비르기타 볼렌베버 교수 또한 당당한 모습이 기억난다고 말했다. 어디서 들은 것 같은데, 싸움은 기세다. 입시라는 싸움에서 주눅이 들지 않고 기세로 밀어붙여라. 물론 당당하고 자신 있게 연주한다고 무조건 합격할 수 있는 것은 아니다. 하지만 떨어지더라도 적어도 나쁜 첫인상을 남기지는 않을 것이다.

**3장**

# 합격 이후
# 독일에 정착하기

MUSIKSTUDIUM IN DEUTSCHLAND

# 학교에 등록하기

입학시험 결과를 어떻게 알 수 있을까? 보통 입시는 1차와 2차로 나뉘는데, 1차 시험 결과를 보통 당일에 공지하는 편이다. 2차 시험 후 인터뷰와 필기시험까지 끝냈다면 차분히 결과를 기다리면 된다.

입학시험 결과는 시험에 심사위원으로 참관한 교수에게 받게 되거나 학교 입학처 또는 학과사무실로부터 'Zulassungsbescheid'를 받게 된다. 교수에게 결과를 듣는 경우는 두 가지가 있는데, 먼저 교수에게 이메일을 보내 자신의 합격 여부를 물어보는 것과 입학시험에서 나를 뽑은 교수가 먼저 이메일을 보내서 합격 소식을 전하는 경우다. 시험이 끝나고 결과에 자신 있다면 교수에게 먼저 이메일을 보내보자.

제목: Sehr geehrte/r Prof.Mustermann

Hallo. Ich bin Gil-Dong Hong, die/der Teilnehmer/in dieser Aufnahmeprüfung/Eignungsprüfung am 01.10.2024.

Ich möchte wissen, ob ich die Prüfung bestanden habe. Ich erwarte eine positive Antwort.

Mit freundlichen Grüßen,

Gil-Dong Hong.

이 정도로 짧고 간결하게 보내도 괜찮다. 이제 답장을 기다리면 된다.

짧게는 일주일에서 길게는 두 달 정도까지 시간이 걸리는데, 입학시험 결과를 학교에서 이메일로 보내준다. 합격했다면 "Sie sind zugelassen"이라는 문구가 들어간 메일을, 아니라면 "nicht zugelassen, nicht bestanden" 등이 들어간 불합격 통보를 받게 된다 (대부분 이메일로 보내 주지만 아직도 우편으로 결과를 통보하는 학교도 있다. 우편 주소는 원서 접수에 작성한 주소로 보내며 한국 주소지의 경우 국제우편 도착이 오래 걸린다).

합격 소식과 함께 받는 이메일에는 학교에 등록하는 방법과 등록금 송금 계좌 등이 적혀 있다. 우선 가장 먼저 학교에 등록할지 여부를 결정하고 등록하기로 했다면 빠르게 등록금을 이체하자. 그리고 이체한 등록금 확인증을 첨부하여 등록 의사를 회신하면 된다.

합격 소식을 독일 현지에서 받았다면 빠르게 배정된 지도교수와 연락하여 만나는 것이 바람직하다. 앞으로 함께 공부할 지도교수를 만나 켄넨레아넨(Kennenlernen, 서로 알아가는 것)을 하며 첫 학기에 공부할 프로그램을 상의하게 된다. 대부분 합격 이후 한국에 돌아와 짐을 챙겨 다시 독일로 출국하는데, 시험이 끝나고 귀국 전 교수와 만나보는 것이 좋다.

MUSIKSTUDIUM IN DEUTSCHLAND

# 독일에서 집 구하기

학교에 등록할 때 독일 내 거주지 신고가 완료된 주소가 없으면 대부분 한국 집 주소를 기재한다.

지금부터가 진짜 독일 유학 시작이다. 학업도 중요하지만, 기본적인 의식주를 해결해야 하기에 초기 정착 과정이 매우 치열하다. 같은 시기에 합격한 다른 학교의 학생들도 도시에 많이 유입되어 집을 구하기가 쉽지 않다. 또한 신분이 확실하지 않은 여행 비자 신분의 외국인에게 집을 빌려주는 경우가 많지 않아 어려움이 있다.

대도시와 소도시, 시골이 있는데 각각 집을 구하는 방법이 조금 다르다. 보통 부동산을 통해 집을 소개받아 집주인과 계약하거나 지인을 통해 집을 구한다. 지인이 살던 집에서 퇴소하며 나흐미터(Nachmieter, 다음 세입자)를 구하고 나가는 경우, 전에 살던 지인의 추천으로 비교적 쉽게 집주인과 계약할 수 있다.

'Immobilien Scout'는 독일의 대표적인 부동산 플랫폼이다. 구글에 'Immo+지역명'을 검색하면 해당 지역에 나온 매물을 확인할 수 있다. 집값이 비싸다는 소문에 겁을 내며 검색해 봤는데, 의외로 저렴한 월세의 매물들이 보인다. 여기서 주의해야 하는 것이, 독일을 포함한 유럽 국가들의 집은 기본이 깡통이다. 아무것도 없는 집이다. 한국 집도 물론 빈집에 이사를 가지만 적어도 화장실과 부엌은 다 갖춰져 있고 가구만 들고 들어가는 형태지만 독일의 경우 빈집에는 부엌도 없어서 세입자가 직접 싱크대와 수납장을 설치하고 수도를 연결하는 등의 작업이 필요하다.

유학생 신분인 우리가 주방과 화장실을 직접 설치하고 가구까지 모두 사서 들이기 어렵기에 찾아야 할 검색 조건은 'Möblierte Wohnung'이다. 즉, 풀옵션 매물을 찾는 것이다. 이불과 베개, 청소기와 식기세척기, 세탁기와 건조기 등 모든 것이 갖춰진 집을 구하는 것을 추천한다. 이 중 하나라도 없다면 불편함에 더해 지출까지 늘어난다.

부동산 거래를 위해서 신용정보인증(Schufa-Nachweis)을 받아야 하는데, 독일이 처음인 외국인 유학생은 만족할 만한 조건이 나오지 않는다. 이러한 이유로 대부분 '베를린 리포트', 페이스북 한인 커뮤니티 등을 통해 한국인 세입자의 나흐미터로 들어가는 경우가 많다.

잘만 풀리면 한국인 커뮤니티에서 집을 구하기가 가장 쉽고 편하다. 하지만 수요에 비해 공급이 많지 않기에 집을 구하기 어렵다. 유학원에서 집을 구해주는 대행 서비스를 제공하는 대도시는 초기에 돈이 좀 들더라도 대행을 맡기는 것이 가장 좋다. 제이클래식 유학원에서 집을 제공하는 베를린은 그냥 묻지도 따지지도 말고 유학원을 통해 집을 계약하자. 단기간부터 장기간까지 계약이 가능하므로 우선 비자를 받기 위해 주소지 등록을 하여 안정적인 정착을 한 뒤 일정 기간 월세를 꾸준히 냈다는 증명서를 받아 다른 집을 구해 이사를 나가도 된다.

유학원에서 집을 제공하지 않는 도시는 구글 검색창에 'Furnished Apartment+도시명', 'mobile Wohnung+도시명'을 검색한다. 홈페이지가 가장 신뢰할 수 있을 것 같으며, 후기가 많고 사업자에 대한 소개가 분명한 부동산 사이트를 통해 매물을 확인한다.

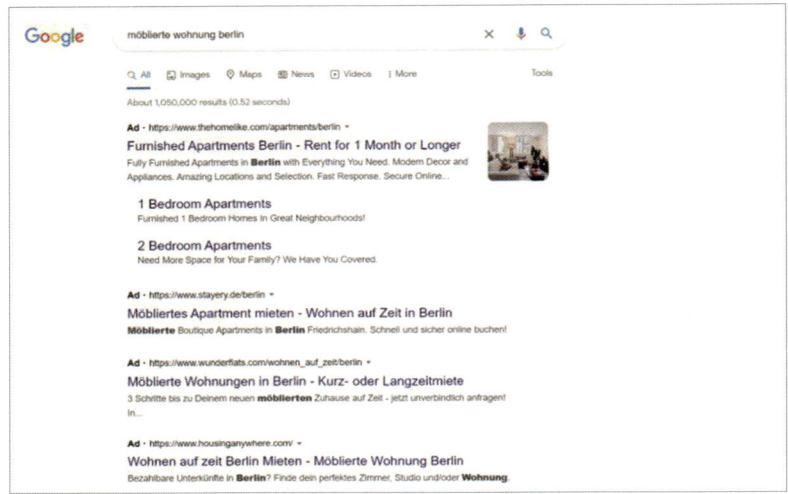

    부동산 사이트들은 Anfrage를 제출하면 답을 주는 형식이기에 내가 생각하는 예산과 위치에 맞게 문의하면 된다. 독일 부동산에서 요구하는 서류들이 있는데 업체마다 조금씩 다르겠지만 대부분

- 여권 사진, 여권 사본(스캔본)
- 체류 허가와 관련된 서류(Aufenthaltserlaubnis/Aufenthaltstitel)
- 재정보증과 관련된 서류(Schufa Auskunft/Sperrkonto/Arbeitsvertrag/Mietbürgschaft…)
- 체류 목적에 관련된 서류(Zulassung einer Uni oder Hochschule/Arbeitsvertrag…)

위 네 가지를 요구한다. 초기 정착 과정에서 이 서류들로 인해 딜레마에 빠지게 된다. 특히 체류 허가 부분과 재정보증 부분에서 고민에 빠지게 되는데, 집을 계약하려면 필수로 비자와 은행 계좌, 재정보증이 가능한 정도의 예금잔고를 요구한다. 뒤에 나올 은행 계좌개설에서도 언급하겠지만, 은행에서 계좌를 만들 때 독일 내 거주지 등록이 확인된 주소를 요구한다. 비자를 받기 위해서는 은행 계좌와 등록된 거주지가 필요하다. 그런데 집을 구할 때 비자와 은행 계좌를 요구한다.

독일인 집주인이 동양인 유학생에게 집을 쉽게 내주지 않는데, 집을 더럽게 쓸 것이라는 걱정과 월세 미납에 대한 걱정이 있기 때문이다. 하지만 방법은 있다. 세상에 돈으로 안 되는 게 어디 있겠나. 6개월에서 1년 치 집세를 한 번에 내는 조건을 걸고 집주인을 설득하면 가능성이 생긴다. 부동산 중개인에게 집주인 설득을 도와달라 부탁하면 흔쾌히 도움을 줄 것이다.

독일 집의 종류는 두 가지가 있다. 오래된 건물인 알트바우(Altbau)와 신축건물인 노이바우(Neubau)다. 구분 방법은 간단하다. 외관만 봐도 보인다. 알트바우의 경우 100년이 넘은 건물도 있으며 대부분 낡았다. 아무리 내부가 깨끗해도 오래된 건물은 어쩔 수 없다.

알트바우의 특징은 높은 층고다. 개인적으로 그다지 추천하지 않는다. 층고가 높아 공간이 상대적으로 넓어 보이고 덜 답답하다는 장점이 있지만 전구를 교체하려면 사다리를 타고 올라가야 하며 천장에 벌레가 있으면 잡지 못하고, 겨울에 높은 층고만큼 난방이 제대로 되지 않아 춥고 난방비가 많이 나온다. 따뜻한 공기는 위로 가고 차가운 공기는 아래에 머무르는데 층고가 높으면 따뜻한 공기는 천장에 머무르고 내가 지내는 바닥은 찬 공기가 남아 춥다.

게다가 대부분의 알트바우에는 엘리베이터가 없다. 무거운 생수를 사 마셔야 하는 독일에서 엘리베이터가 없는 집은 불편하다. 여러모로 노이바우가 좋지만 대도시가 아닌 경우 노이바우를 찾기 어려울 수 있다.

노이바우는 비싼 가격을 제외하면 알트바우보다 모든 것이 낫다. 더 이상의 설명은 필요하지 않아 보인다. 지금까지의 설명은 혼자 생활하는 아인첼보눙(Einzelwohnung)에 대한 설명이었다. 물론 혼자 사는 것이 싫고 모르는 외국인들과 함께 살고 싶다면 홈 쉐어링 개념인 WG를 찾아볼 수 있다. WG는 한 집에서 방만 따로 쓰고 거실, 주방, 화장실 등의 공용공간을 함께 쓰는 형태의 주거를 말한다. 구글 검색창에 'WG-Gesucht'를 검색하여 다양한 매물을 찾을 수 있는데, 모르는 사람과의 동거다 보니 이것저것 신경 쓸 사항들이 많다.

대표적인 예시 몇 가지를 들어보겠다.

1. 문화적 차이로 인한 갈등
2. 서로 다른 생활패턴으로 인한 갈등
3. 집주인이 허락하지 않은 이중 세입자
4. 불순한 의도를 가진 동거인

이 정도를 대표적인 예시로 들 수 있겠는데, 1번과 2번은 그렇다 쳐도 3번과 4번이 문제다. 3번의 경우 세입자가 집주인과 월세 계약을 맺은 이후 집주인의 허락 없이 하우스메이트를 구해 이중으로 세를 주는 행위인데, 집주인에게 적발 시 퇴거 조치는 물론 경찰 조사까지 받을 수 있는 범법행위다. 계약 시 상대방이 이러한 부분에 대해 솔직하게 말해주지 않는다면 사실상 막을 방법은 없다.

4번 경우도 종종 발생하는데, 불순한 의도를 가진 사람이 동거인을 찾을 때는 터무니없이 저렴한 가격에 방을 내놓는다. 동양인 유학생 신분으로 불합리한 일을 겪어도 독일 경찰은 적극적으로 도와주지 않는다. 우리가 기대하는 독일 경찰의 공권력과 정의는 사실상 동양인 유학생들을 빗겨 간다고 봐도 무방할 정도다.

대도시나 중소도시가 아닌 시골에서 살게 된다면 인근 한인교회에 가서 도움을 청하자. 한인교회 집사님이나 목사님 또는 사모님께서 도와주시면 소도시에서의 생활은 비교적 쉬워진다.

월세 계약을 할 때 꼼꼼히 확인할 부분들이 있는데, 첫 번째는 월세납부 방식이 밤미테인지 칼트미테인지 확인해야 한다. 밤미테(Warmmiete)는 월세와 전기세, 수도세, 관리비 등 모든 비용이 포함된 가격으로 집주인에게 매달 돈을 내는 것을 말한다.

한국 학생들은 전기와 수도사용량이 유럽인에 비해 많아 밤미테로 포함된 가격에 사용하는 것이 마음 편하고 돈도 적게 든다.
칼트미테(Kaltmiete)는 집을 사용하는 월세를 내고 매달 관리비와 전기세, 수도세 등의 금액을 사용한 만큼 추가로 내는 형태다. 내가 전기와 수도를 많이 쓰지 않는 편이라 '칼트미테도 괜찮겠지~.' 하고 생각할 수 있지만 매달 추가로 계산되는 금액의 계산이 맞지 않는 경우 집주인과 분쟁이 발생할 수 있으므로 웬만하면 모든 금액이 포함된 밤미테로 계약하는 것을 권장한다.

계약서에서 확인할 두 번째 사항은 계약 기간과 월세 인상 여부다. 집 계약을 짧게는 6개월, 길게는 1년에서 2년으로 하고 그 이상 거주 시 계약을 연장하는데, 계약 연장 시 월세가 변동되는지 확인하자. 1년이 지나 집 계약을 연장할 때 월세를 올려 받는 경우가 있으니 연장 계약 시 기존의 계약조건을 유지한다는 내용이 있는지 확인해야 한다.

세 번째는 밤미테 계약 내용에 공과금에서 일정 금액이 초과될 시 공과금을 세입자에게 일부 부담시키는지 확인해야 한다. 밤미테라 해서 모두 무조건 포함인 것은 아니다. 공과금이 기준치 이상으로 청구될 시 집주인이 세입자에게 초과분을 일부 부담하게 한다는 조항이 있나 살펴보자.

이외에도 중요한 것이 많지만 이 정도만 확인해도 최소한의 확인 과정은 거쳤다고 할 수 있겠다. 계약 이후 집에 들어간 첫날, 바로 짐을 풀지 말고 집 안 구석구석 휴대전화로 사진을 찍어놓자. 처음 들어온 날 아무것도 없는 집 상태를 사진으로 남겨놓아야 퇴실 시 원래 고장 나 있던 부분에 대한 책임을 피할 수 있다.

입주하는 날 집 열쇠와 함께 하우스마이스터(Hausmeister, 건물 관리인)에게 'Einzugsprotokoll'을 받게 된다. 이는 입주 시 집에 하자가 있는 부분이 있는지 세입자가 직접 확인하고 기록하는 것인데, 곳곳에 고장 난 곳이나 흠집 난 곳이 없는지 세밀하게 살펴본 후 종이에 기록한다. 물론 사진도 찍어놓아야 한다. 퇴실 시 하우스마이스터는 'Einzugsprotokoll'을 들고 와 입주때의 집 상태와 대조하여 추가로 청구할 금액을 산정한다.

대부분 하우스마이스터는 'Einzugsprotokoll'이 중요하다는 것을 알기에 서류를 주며 신중하게 천천히 작성해서 달라 말하지만, 간혹 아무 설명 없이 집에 아무 문제가 없다는 항목에 표시하라며 서명을 강요하는 하우스마이스터도 있다. 이때, 절대 서명하지 말고 자리를 피해 집주인과 연락하고 독일어로 소통이 가능한 한국인에게 도움을 청하여 함께 하우스마이스터를 다시 만나야 한다.

집을 구했다면 관청(Amt)에 가서 거주지 신고를 해야 하는데, 예약을 하고 가야 하는 경우가 많다. 온라인이나 전화로 테어민(Termin, 예약)을 잡고 주어진 시간에 방문해 거주지 신고를 하면 된다. 준비할 서류로는 집 계약서, 월세 송금영수증, 신분증(여권) 등이 있겠다.

### 요약

독일에서 비자를 받기 위해 필요한 거주지 등록을 하기 위해 독일에서 생활할 집을 구해야 한다. 주거 형태는 홈 쉐어링(WG), 혼자 살기(아인첼보눙/Einzelwohnung), 한인민박, 하숙집 등이 있다.

베를린 기준 WG 월세는 저렴하게는 300유로부터 구할 수 있다.

$30m^2$(약 9평 / 실평수 7평 정도)의 아인첼보눙의 경우 기본적으로 700유로 이상을 생각해야 한다.

  월세를 내는 방법에는 밤미테(Warm)와 칼트미테(Kalt)가 있는데, 밤미테의 경우 전기세, 수도세, 관리비 등 모든 비용이 월세에 포함된 가격을 말하며 칼트미테는 월세만 내고 관리비와 전기세, 수도세 등은 매달 쓴 만큼 추가로 내는 방식이다.

  한국인 학생은 수도 사용량과 전기 사용량이 유럽인에 비해 많은 편이므로 칼트미테보다 밤미테로 내는 것이 저렴하다. 간혹 밤미테이지만 전기세와 수도세가 너무 많이 나오는 경우 집주인이 세입자에게 일부 분담하기를 요구할 수 있으나 계약상 추가금이 없는 밤미테인 경우 집주인이 추가금을 강제할 수 없다.

  집을 구한 이후 관청에 방문을 예약하고 'Anmeldung(안멜둥, 거주지 신고)'을 한다. 준비할 서류로는 집 계약서, 월세 송금영수증, 신분증(여권) 등이 있다.

MUSIKSTUDIUM IN DEUTSCHLAND

# 휴대전화 개통하기

독일 유학 내내 한국 휴대전화 번호를 로밍해서 사용할 수 있지만 비용도 많이 발생할뿐더러 만족할 만한 품질의 통신서비스를 제공받기 어렵다. 독일에서 생활하며 휴대전화와 인터넷을 사용하려면 현지 통신사와 계약하는 것이 좋다.

한국의 'SKT', 'KT', 'LGU+'와 같이 독일에도 통신사들이 있는데, 대표적인 큰 회사는 'Deutsche Telekom', 'Vodafone', 'O2'가 있다. 세 통신사 모두 사용해 본 저자의 추천은 역시 'Deutsche Telekom'. 줄여서 'Telekom'이다. 가장 비싸고 가장 안정적이고 빠르다. 보다폰과 오투는 건물 안에서 휴대전화 서비스 불가 지역으로 표시되는 경우가 잦고 야외에서 이동 중에도 서비스 불가인 지역이 많다. 텔레콤의 경우 서비스 불가 지역이 거의 없으며 지하철로 이동 중에도 LTE가 끊김이 없이 잡힌다. 5G 속도도 텔레콤이 가장 빠르다.

이외에 한국의 알뜰폰처럼 'Lycamobile', '3-Sim', 'Lebara', 'Edeka', 'Lidl', 'Rewe' 등의 저렴한 통신사가 있다. 에데카와 리들, 레베 등의 대형마트는 통신서비스를 제공하지 않았는데 언제부턴가 대형마트에서 유심을 판매하기 시작했다. 사용 후기를 들어보니 나쁘지 않다고 한다.

독일에서 가장 먼저 사용해 본 유심은 라이카모바일인데, 충전식 프리페이드 유심이다. 충전한 금액에서 데이터와 전화, 문자를 사용하고 돈이 다 떨어지면 다시 충전한다. 통신 사용량이 적다면 저렴하게 돈을 얼마 안 쓰고 사용하겠지만 모바일 데이터 사용량이 많은 한국인에게는 충전식이 불리하다.

독일에서 2년 이상 유학할 계획이라면 대형 통신사의 요금제로 계약하는 것을 추천한다.
대형 통신사 모두 Jung-Tarif(Young Tarif/청년요금제)를 제공하는데, 많은 데이터와 통화량을 제공하며 가격이 일반요금제보다 저렴하다.

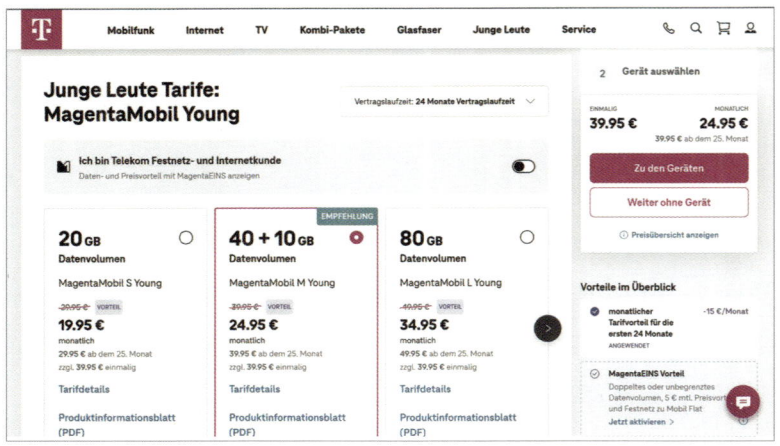

위 예시는 텔레콤의 청년요금제다. 25개월 계약 시 계약 기간 동안 할인된 요금을 받고 이후 더 비싼 요금을 받는다고 나와 있다. 계약 기간이 끝나면 다시 요금제를 선택해 할인받고 재계약을 하기에 신경 쓸 부분이 아니다. 월 80GB의 데이터에 34.95유로 정도를 내는 것은 한국보다 저렴하다고 할 수 있겠다.

통신사에서 휴대전화를 개통할 때 두 가지 계약이 있다. 'Vertrag mit dem Handy', 그리고 'Vertrag ohne Handy'다. 눈치 빠른 사람은 이미 알겠지만, 휴대전화와 요금제를 함께 구매하는 것과 기존에 가지고 있던 기기를 사용하며 요금제만 계약하는 것, 이 두 가지다.

한국에서 쓰던 휴대전화가 있고 새로운 휴대전화를 구매하지 않겠다면 'Vertrag ohne Handy'를 선택하면 된다. 통신사 온라인 홈페이지에서도 가입이 가능하지만 오프라인 매장서 개통하는 것이 빠르고 확실하다. 온라인으로 가입 시 우편으로 유심칩을 받아 직접 개통해야 하는 번거로움이 있지만 오프라인 매장에서는 유심도 바로 받고 그 자리에서 직원이 개통까지 해준다. e심 사용 시 온라인 개통도 빠르게 가능하다.

통신사 매장에 들어가서 어떻게 말해야 하는지 예시를 보여주면 아래와 같다.

    직원 : Hallo, Wie kann ich Ihnen helfen?/Was kann ich für Sie tun?
    나 :    Hallo, Ich möchte einen Handyvertrag ohne Handy machen. Haben Sie Jung-Tarife für mich?
    직원 : Ja. Ich zeige Ihnen die Optionen.

통신 계약 시 요구되는 서류는 거주지 등록증, 여권 사본, 통장 사본이다. 요금은 통장에서 자동이체 되므로 독일 내 계좌가 필요하다. 유심을 받을 때 설명을 듣겠지만, 'PIN'과 'PUK' 2개의 번호가 적힌 종이가 있다. 절대 버리지 말고 보관하자. 휴대전화 재부팅이나 유심 분실, 통신사 고객센터에서 본인인증 수단으로 2개의 번호가 필요하다.

### 요약

    독일에서 2년 이상 유학할 예정이라면 통신사에서 요금제 계약을 하는 것을 추천한다.

    주요 통신사는 'Telekom', 'Vodafone', 'O2'와 같은 대형 통신사와 다른 프리페이드 알뜰폰 통신사들이 있는데 가장 추천하는 통신사는 'Telekom'이다. 대형 통신사들은 청년요금제가 있으므로 일반 요금제로 계약해 비싸게 내지 말고 꼭 청년요금제로 가입하자(가입 조건 충족 시).

    온라인 가입이 가능하지만, 오프라인이 더 쉽고 빠르고 정확하다. 준비할 서류는 여권이나 여권 사본, 거주지 등록증, 독일 은행의 통장 사본이다. 계약은 휴대전화를 구매하면서 요금제까지 묶는 'Vertrag mit dem Handy'와 휴대전화는 기존에 사용하던 기기를 사용하며 유심만 받아서 통신서비스를 사용하는 'Vertrag ohne Handy'가 있다.

MUSIKSTUDIUM IN DEUTSCHLAND

# 은행 계좌 만들기

독일에서 비자를 받고 생활하기 위해 독일 내 은행 계좌가 필요하다. 토스뱅크나 카카오뱅크처럼 독일에서도 N26 은행 등에서 비대면 계좌개설을 하기도 하는데 저자는 추천하지 않는다.

독일 은행을 대략 살펴보면 '도이체방크(Deutsche Bank)'와 우체국예금인 '포스트방크(Postbank)', 이외에 '코메르츠방크(Commerzbank)', '폴크스방크(Volksbank)' 등이 있다. 비자를 받기 위해 유학하는 동안 생활할 자금이 있다는 재정 증명을 해야 하는데, 은행에서 '슈페어콘토(Sperrkonto)'를 만들어 제출하면 된다.

슈페어콘토는 묶는다는 뜻을 가진 '슈페렌(Sperren)'에 계좌를 뜻하는 '콘토(Konto)'를 붙여 만든 단어다. 말 그대로 돈을 묶어놓는 계좌다. 슈페어콘토는 1년의 계약 기간 동안 월 992유로만 사용이 가능하며 예치 금액은 11,904유로다.

11,904유로는 독일 외무부가 정한 2025년 비자 발급을 위한 슈페어콘토 예치 금액을 기준으로 한다. 슈페어콘토가 요구하는 금액보다 더 많은 돈이 계좌에 들어 있다면 초과분은 규제 없이 사용 가능하다.

예를 들어 15,000유로가 있는 계좌는 한 달에 출금할 수 있는 슈페어콘토 금액인 992유로와 15,000유로에서 11,904유로를 뺀 나머지 3,096유로를 더하여 자유롭게 사용할 수 있다. 슈페어콘토에서 정한 11,904유로 이외의 돈은 묶이지 않고 사용이 가능하다. 가장 추천하는 은행은 독일 대표은행인 도이체방크였는데 아쉽게도 도이체방크에서 2023년부터 슈페어콘토 서비스를 중단하여 신규 가입이 불가하다.

도이체방크의 일반 입출금계좌는 개설 가능하지만, 비자를 받기 위한 슈페어콘토를 만들 수 없기에 무작정 추천하기 어렵다. 슈페어콘토를 개설하지 않아도 계좌에 10,000유로 이상이 들어 있고 통장 사본을 발급받아 잔액을 제출하면 외국인청에서 재정증명을 인정해 주기도 한다. 하지만 이는 외국인청 직원의 재량이라 슈페어콘토를 들고 가는 게 논쟁의 여지가 없다.

도이체방크 다음으로 추천하는 은행은 포스트방크다. 독일 전국 모든 도시에 있고 우체국에서 운영하기 때문에 안정성이 보장된 편이다. 계좌를 만들기 위해 필요한 서류는 여권, 거주지 등록증 등이 있다. 나머지 필요한 서류는 은행마다 다를 수 있으니 미리 찾아보는 것이 좋다.

MUSIKSTUDIUM IN DEUTSCHLAND

# 건강보험 가입하기

비자 발급을 위해 건강보험 가입이 필요하다. 비자 때문이 아니라도 유학 생활을 하며 병원에 갈 일이 생기기 마련이다. 보험 없이 병원에 방문한다면 비싼 돈을 내고 진료를 받게 된다.

독일 의료보험은 공보험과 사보험이 있는데 공보험에는 대표적으로 'Techniker Krankenkasse(TK, 테카)'와 'Allgemeine Ortskrankenkasse(AOK, 아오카)'가 있고 많이 가입하는 사보험은 'Mawista(마비스타)'가 있다.

공보험 가입 의무 대상은 30세 미만의 대학생, 직업교육생, 직장인, 연금 수령자, 실업 연금 수령자 등이 있다. 워홀러와 어학생, 유학준비생과 취업준비생에게는 해당하지 않으며 만 30세가 넘으면 학생 신분이라도 공보험에 가입할 수 없다.

공보험에 가입되어 있더라도 14학기가 넘거나 37세가 넘은 대학생은 자격이 박탈된다. 또한 연 소득이 53,100유로 이상인 사람도 해당하지 않는다(학생비자로 연 53,100유로를 벌지 못한다).

공보험의 보험료는 월 100~120유로 정도이며 보험 카드를 가지고 병원 진료 시 보험사와 병원 간 직거래로 보험 가입자는 병원 진료비를 내지 않는다.

사보험의 경우 공보험의 가입자격이 없는 모든 사람의 가입이 가능하며 공보험에 비해 저렴한 월 30~50유로 정도의 보험료를 낸다. 질병으로 병원 방문 시 공보험에 비해 보장 범위가 좁고 보험료 환급 절차도 자비로 병원비를 결제하고 보험사에 청구하는 방식이다.

보험사가 바로 병원에 지급하는 공보험에 비해 번거로움이 있다. 공보험과 사보험 모두 온라인으로 가입할 수 있지만 그래도 보험사에 직접 찾아가서 가입하기가 쉽고 확실하다. 공보험 가입을 하려면 먼저 구글에 보험사 위치를 검색해서 어디에 있는지 알아본다. 보통 도시에 세 곳 이상 지점이 있으므로 가장 가까운 곳의 주소를 메모해 둔다.

독일에서 모든 방문은 예약이 필요하다. '테어민(Termin)'을 잡는다고 하는데, 보험사도 마찬가지로 테어민이 있는 손님을 우선으로 안내하고 우대한다. 방문하려는 보험사의 웹사이트에 들어가서 테어민을 잡는다.

예시로 'Techniker Krankenkasse' 테어민을 잡는 방법을 안내하도록 하겠다.

복잡할 것 없다. 메뉴를 뒤지고 찾는 과정 없이 바로 홈페이지 메인화면에 검색 버튼을 눌러 'termin'을 검색한다.

검색을 하면 아래와 같은 화면이 나올 텐데,

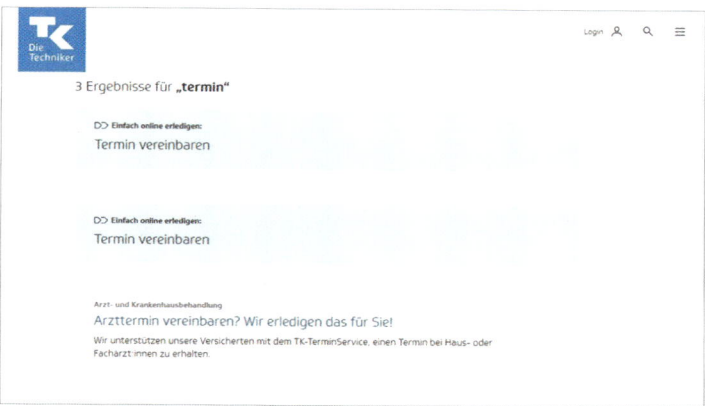

여기서 파란 상자에 'Termin vereinbaren'이라고 되어 있는 버튼을 클릭하여 예약하기 페이지로 이동한다.

'Ort/Platz eingeben'에 내가 사는 동네의 우편번호와 도시 이름을 넣는다. 예시로 10179, Berlin을 넣어 검색하면 아래와 같은 검색 결과가 나온다.

검색 결과를 보면 주변에 가장 가까운 장소부터 소개해 준다. 검색 목록 중 방문할 보험사무실을 선택하면 아래의 사진과 같이 주소와 영업시간 등의 정보가 있고, 가장 밑에 Termin buchen(예약하기) 버튼이 있다. 이 버튼을 눌러 다음 페이지로 이동하자.

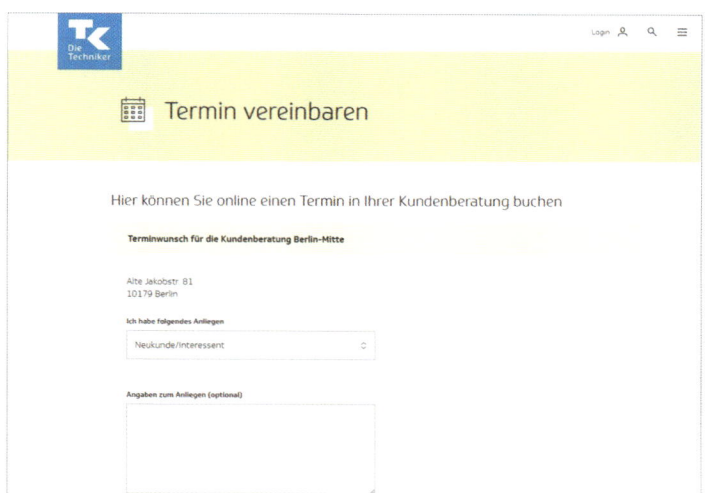

'Termin vereinbaren' 페이지 첫 단계가 나온다. 여기서 신규 가입이라면 'Neukunde/Interessiert'을 선택하고, 아래의 비고를 비우고 다음 단계로 넘어갈 수 있다.

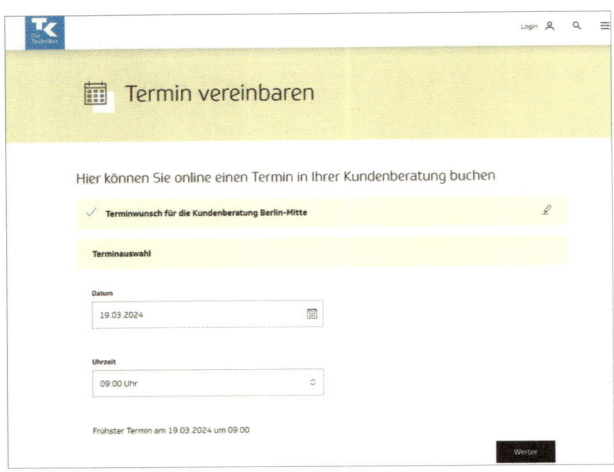

다음 페이지에서 방문 날짜와 시간을 정한다. 방문 날짜와 시간을 선택했다면 아래의 'Weiter' 버튼을 눌러 다음 페이지로 이동한다.

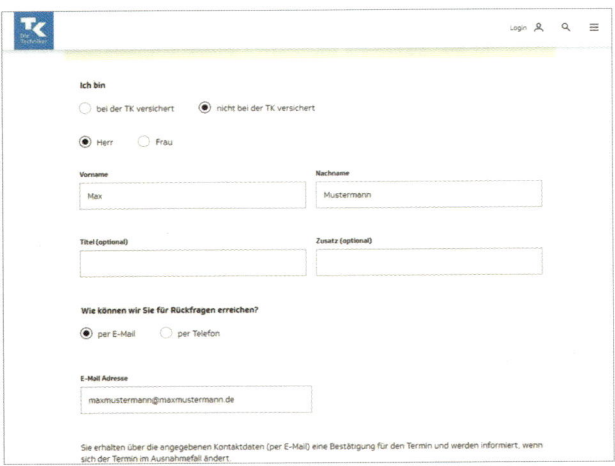

다음으로 개인정보 입력이다. 신규 가입이기 때문에 'nicht bei der TK versichert(테카에 가입되지 않음)'을 선택하고 아래의 'Herr'과 'Frau' 중 하나를 선택한다(독일어 공부를 했다면 Herr와 Frau 정도는 구분할 수 있다고 믿는다). 아래의 'Titel'과 'Zusatz'는 비워도 된다. "Wie können wir Sie für Rückfragen erreichen?" 질문에는 'per E-mail'을 선택하자. 보험사에서 각종 연락을 어떻게 할지에 대한 항목인데 이메일로 받아 천천히 읽어보는 게 좋다.

아직 유학 초기이기 때문에 전화 통화는 이해하기 어려울 수 있기 때문이다.

그 밑으로는 이메일주소를 입력한다. 위 사진에서는 예시를 위해 가상 인물 'Max Mustermann'의 이름과 이메일을 사용하였다.

이제 화면을 아래로 스크롤 하여 정보제공 동의란에 체크하고 'Termin buchen' 버튼을 눌러 예약을 완료하자. 방문 예약이 완료되면 이메일로 확인서(Terminbestätigung)가 올 것이다.

예약 없이 방문해도 된다. 하지만 대기시간이 1시간이 넘을 수 있으니 되도록 예약하고 가는 것이 시간을 절약하는 방법이다.

보험사에서 보험 가입을 할 때 어떻게 말해야 하는지 예시를 알려주도록 하겠다. 영어가 가능하다면 꼭 독어로 소통하지 않아도 된다. 보험사의 경우 대부분 직원이 능숙한 영어를 구사한다.

영어단어 'Insurance'와 'Contract', 독일어 단어 'Krankenversicherung', 'Vertrag', 'Machen' 정도만 알아도 소통에 크게 지장이 없다. 필요한 건 용기다. 영어는 어느 정도 안다는 가정하에 독일어로 예시를 만들어 보겠다.

Ich möchte einen neuen Krankenversicherungsvertrag machen.
건강보험 신규 가입계약을 원합니다.

Kann Ich die Krankenversicherung neulich vertragen?
신규로 건강보험 가입계약을 할 수 있나요?

대충 이 2개의 예시 중 하나를 골라 말하면 되는데, 첫 번째를 추천한다. 이 멘트가 정확히 전달된 이후에는 직원의 안내에 따라 서명하라는 곳에 서명하고 요구하는 서류를 제출하면 된다.

어디에서든 필요한 첫 번째 준비물은 신분증이다. 여권을 꼭 챙기자. 보험 카드에 들어갈 사진이 있어야 하므로 여권에 있는 사진과 동일한 여권 사진을 두 장 정도 챙겨간다. 보험료를 자동이체 할 은행 계좌 사본과 휴대전화 연락처, 거주지 등록증과 학교에서 준 'Immatrikulationsbescheinigung(등록확인증, 학교의 입학처나 학과사무실에서 받을 수 있다)'을 제출한다. 학교에서 보험사에 제출하라고 특별히 준비해 준 서류가 있다면 함께 가져가도록 하자.

가입이 완료되면 우편으로 보험 카드가 도착할 것이다. 1주일 정도 마음 편히 기다리자.

MUSIKSTUDIUM IN DEUTSCHLAND

# 비자
# 신청하기

거주지 등록, 은행 계좌개설, 휴대전화 개통, 건강보험 가입까지 마쳤다면 체류 허가를 받으러 가야 한다. 체류 허가를 주는 관청이 도시마다 다른데, '외국인청(Ausländerbehörde)', 'Landesamt für Einwanderung', 'Bürgeramt', 'Auswärtiges Amt' 등이 있다.

도시마다 주무관청이 다르므로 비자 발급을 어느 곳에서 하는지 구글에 검색해 본다. 검색어 예시로는 'Aufenthaltserlaubnis amt+도시 이름'으로 검색하면 해당 관청을 찾을 수 있다.

앞에서 언급했듯이 독일에서는 테어민을 잡는 게 정말 중요한데, 특히 비자를 발급받으러 가는 경우 테어민이 없으면 입장이 어렵다. 베를린 외국인청에서 새벽부터 줄을 서서 번호표를 받고 오후에 겨우 입장을 했다는 후기가 있는데 새벽에 줄을 서도 당일 입장이 불가능한 경우가 많다.

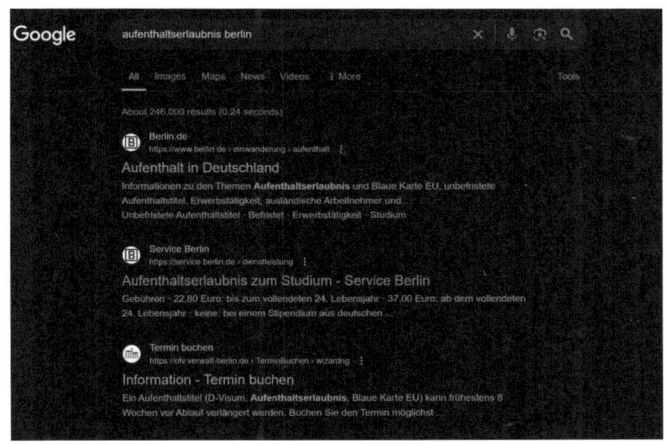

베를린을 예로 들면 구글에 'Aufenthaltserlaubnis berlin'을 검색하면 위에서부터 검색 결과로 'Aufenthalt in Deutschland(독일 내 체류 허가)', 'Aufenthaltserlaubnis zum Studium(학업을 위한 체류 허가)', 'Informationen - Termin buchen(정보 - 테어민 잡기)'가 있다.

두 번째의 'Aufenthaltserlaubnis zum Studium'을 클릭하여 다음 페이지로 넘어가면 아래와 같은 기본정보를 확인할 수 있다.

'Voraussetzungen(요구되는 사항)'은 학교 합격증명서, 베를린에 있는 주소지, 테어민이다.

'요구되는 서류(Erforderliche Unterlagen)'는 관청에서 제공하는 접수 서류 양식을 작성하는 것과 유효한 여권, 여권 사진 한 장, 재정증명서(슈페어콘토나 지난 6개월간의 계좌기록), 건강보험 가입증명서, 학교에서 받은 등록증, 안멜둥 증명서 혹은 월세 계약서가 있다.

최초 발급 시 100유로, 연장이나 재발급은 수수료 93유로가 있다. 비자 발급을 위해 테어민을 잡으려면 검색 결과의 세 번째에 있는 'Termin buchen'을 클릭하여 진행한다.

\* 유효한 여권의 경우 여권 만료 기간이 4년 이상 남은 여권을 말

한다. 여권 만료일이 얼마 남지 않아도 상관없지만 비자를 발급받을 때 해당 여권으로 발급하므로 여권이 만료되면 비자도 만료되어 새로 발급받은 여권에 비자를 옮기는 재발급 과정이 필요하다. 비자 발급 담당자도 여권 만료일 몇 년이 남았는지에 따라 비자를 발급하는 기간을 결정하기에 학부 기준 4년의 비자를 받기 위해 여권 유효기간이 4년 이상 남아 있는 것이 바람직하다.

여권의 유효기간이 1년이나 2년 정도밖에 남지 않았는데 비자 발급을 위해 방문하여 알게 되었다면 우선 담당자에게 사정을 설명한 후 비자를 최대한 길게 받고 여권을 재발급하여 기간이 넉넉한 여권에 비자를 옮기도록 하자.

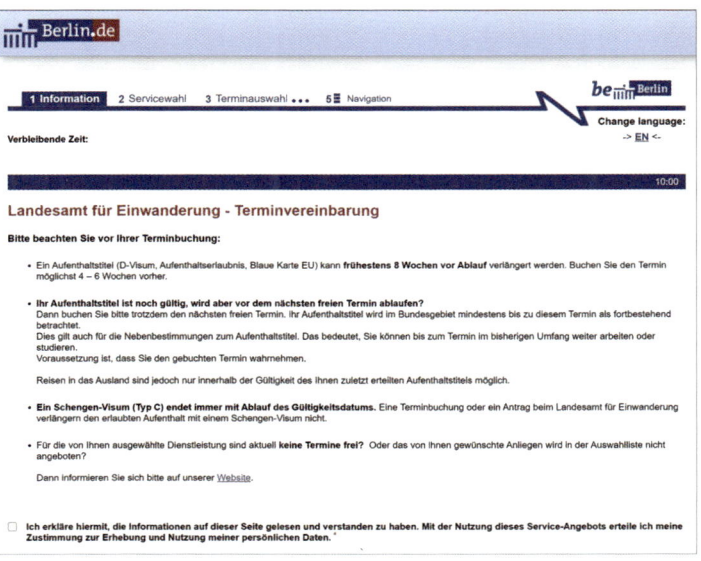

위와 같은 화면에서 아래 개인정보 수집에 대한 동의를 체크하고 'Weiter'를 눌러 다음 페이지로 넘어간다.

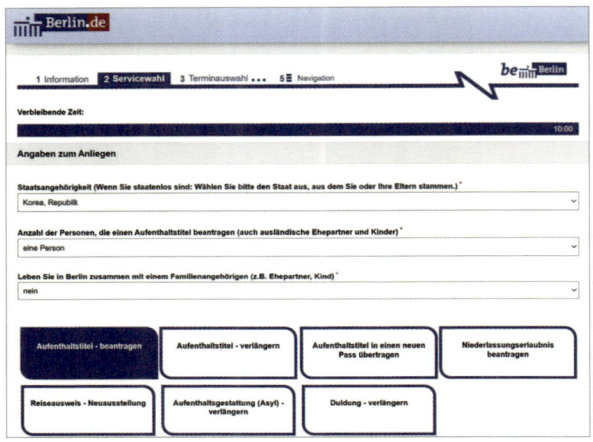

이제 여기서부터가 중요한데, 국적에 'Korea, Demokratische Republik'과 'Korea, Republik' 중 첫 번째를 고르면 북한을 선택하게 되므로 'Korea, Republik' 혹은 'Süd Korea'를 선택하도록 하자. 예약인원은 한 명을 선택하고 독일에서 함께 사는 가족이 있는지는 '아니요'를 선택한다(혼자 유학을 나온 경우, 가족과 함께 이민을 왔다면 'Ja'를 선택).

아래에 예약을 원하는 서비스 선택에 'Aufenthaltstitel - beantragen'

```
Studium und Ausbildung                                                                            ▼
○ Aufenthaltserlaubnis für eine Berufsausbildung (§ 16a)
○ Aufenthaltserlaubnis für eine betriebliche Weiterbildung (§ 16a)
○ Aufenthaltserlaubnis zum Besuch eines Sprachkurses (§ 16f Abs. 1)
○ Aufenthaltserlaubnis zum Schulbesuch oder zur Teilnahme an einem Schüleraustausch (§ 16f)
● Aufenthaltserlaubnis zum Studium (§ 16b)
○ Aufenthaltserlaubnis zur Anerkennung einer ausländischen Berufs-Qualifikation im Rahmen einer Qualifizierungsmaßnahme (§ 16d Abs. 1)
○ Aufenthaltserlaubnis zur Anerkennung einer ausländischen Berufs-Qualifikation in einem nicht reglementierten Beruf (§ 16d Abs. 3)
○ Aufenthaltserlaubnis zur Aufnahme eines Praktikums (§ 19c Abs. 1)
○ Aufenthaltserlaubnis zur Studienvorbereitung (§ 16b Abs. 1)
```

마우스를 아래로 스크롤해 발급 목적을 선택한다. 독일 음악대학 유학생을 기준으로 하므로 'Aufenthaltserlaubnis zum Studium'에 체크하고 'Weiter'를 눌러 다음으로 넘어간 이후 날짜를 선택하고 예약을 완료한다.

베를린 기준으로 테어민 예시를 설명했지만, 다른 도시도 같거나 비슷하다. 'NRW(Nordrhein Westfalen)'주의 도시 중 'Duisburg(뒤스부르크)', 'Essen(에센)' 등의 외국인청에서는 온라인 예약을 받지 않고 직접 외국인청에 찾아가서 줄을 서서 현장에서 테어민을 받는 식으로 운영한다. 정책의 변화로 방식이 바뀔 수는 있지만 온라인으로 테어민을 잡지 못한다고 해서 좌절하지 말고 학과사무실이나 학교 상담실 혹은 교민과 친구들에게 물어본 후 차분히 진행하도록 하자.

학생비자 발급을 위해 기억할 것들을 요약하면,
- 필요 서류: 유효한 여권(잔여기간이 4년 이상 남은), 학교에서 발급한 등록증, 거주지 신고증, 재정보증 서류(슈페어콘토나 통장 잔액이 명시된 사본), 건강보험 가입증명서, 해당 관청에서 요구하는 양식을 채워서 제출하는 서류
- 발급 수수료: 최초 발급 100유로, 재발급 93유로(2024년 베를린 기준)
- 테어민 필수(Termin buchen), 테어민 잡는 방법은 도시마다 다를 수 있음
- 비자의 종류는 Aufenthaltserlaubnis zum Studium(학업을 위한 비자/학생비자), 'Zum Zweck Studium'으로 표기하기도 함

이 정도가 되겠다. 비자 발급을 담당하는 직원마다 다르지만 보통 서류를 모두 챙겨 제출하기만 하면 따로 질문을 하거나 말을 걸지 않는 편이지만, 가끔 스몰토크와 질문을 많이 하는 직원을 만날 수 있다. 어학 능력이 부족하다 판단되면 비자 발급에 조금 소극적으로 나온다는 소문이 있다. 나도 비자를 발급받으러 갈 때마다 관청 직원들이 한국 학생들은 독일어를 잘하지 못하더라는 말을 들었었다. 그들도 사람이기에 대화만 잘 통하면 유동적으로 비자를 잘 준다. 비자 기간은 해당 직원의 재량이라고 하니 어학이 준비된 상태라면 비자를 길게 받기에 조금 더 유리하다 할 수 있겠다.

**4장**

# 독일 음악대학
# 새내기를 위한 안내서

MUSIKSTUDIUM IN DEUTSCHLAND

# 독일 음악대학 커리큘럼

독일 음악대학은 입학식이 따로 없다. 개강하면 학교에 가서 바로 수업을 듣는다. 개강 첫 주에 신입생 오리엔테이션을 하는데, 어떻게 수강 신청을 하고 학점 관리를 하는지 설명을 듣는다.

학교마다, 전공별로 커리큘럼과 졸업 조건이 다르겠지만 기본적인 사항은 비슷하다.

### 공통 사항

- **전공 실기**(Hauptfach): 전공 악기나 과목의 실기수업을 듣고 시험을 통해 점수를 받는다.

- **부전공**(Nebenfach): 전공 이외 1개의 부전공을 필수로 해야 한다. 피아노 전공은 부전공으로 실내악이나 가곡 반주가 있으며, 현악이나 관악은 부전공으로 피아노와 실내악, 오케스트라 활동이 있다. 성악과는 필수로 합창과 중창을 하며 피아노 실기 레슨도 받는다. 작곡과 이론전공도 피아노 부전공이 있고 합창 수업을 듣는 등 자신의 전공 이외에 1개의 부전공을 필수로 이수하게 하는 편이다.

- **전공 관련 필수과목**: 전공 실기와 더불어 가장 중요한 필기 수업이다. 음악이론, 화성학, 대위법, 음악 형식분석, 시창청음, 음악사, 음향학, 악기론, 성악과를 위한 이탈리아어와 러시아어 수업 등이 있다. 전공 실기만 잘한다고 학교를 무사히 졸업하지 못하기에 필수과목에서 좋은 성적을 받아야 한다.

- **교양과목**: 졸업을 위해 요구되는 학점을 채우기 위해 교양수업을 듣게 된다. 학교마다 교양수업을 부르는 명칭이 다르지만 대부분 필수과목이 아닌 선택과목이 교양과목이다.

수강 신청 기간이 되면 강의들이 올라오는데 필수 전공과목은 'Pflichtfach', 'P', 'PF' 등으로 표시되고, 선택과목은 'Wahlfach', 'WF', 'W' 등으로 표시되어 구별이 가능하다.

선택과목으로 학점을 채우게 될 때 두 가지 선택지가 존재하는데, 학점이 높고 수업이 짧으며 시험이 없이 출석만 하면 통과하는 일명 "꿀 수업"과 긴 수업 시간과 엄격한 교수, 낮은 학점과 시험이 어려운 과목이 있다. 저자의 경우 학부 2학년에 모든 교양 학점을 채워 3학년부터는 전공 실기에만 매진하는 여유로운 학교생활을 했었다. 학교마다 어떤 교양수업이 좋고 어떤 수업이 어려운지는 구전으로 전해지기에 선배들의 대화를 열심히 엿듣고 물어보자. 그렇다고 어려운 수업이 무조건 안 좋기만 한 것도 아니다.

기억에 남는 교양수업은 철학 토론수업과 무대 공포증에 관한 세미나, 온라인 마케팅과 자기 PR, 즉흥으로 소리를 만들어 음악을 창조하는 수업, 현대음악에 대한 이해 등 다루는 내용도 어렵고 대부분 독일인이 어려운 독일어로 토론하는 수업이었지만 해내고 난 뒤 성취감도 컸고 배우는 것도 많았다. 쉽게 학점을 받았던 수업들은 요가, 필라테스, 호흡법, 릴렉스 훈련 등 대부분 출석만 잘하면 점수를 주는 수업이 있었다.

MUSIKSTUDIUM IN DEUTSCHLAND

# 장학금을 받는 방법

경제적 상황이 좋을 수도 있지만 좋지 않을 수도 있다. 유학 후 귀국하여 연주회를 하는 연주자들의 프로필을 보면 꽤 흔하게 재학 중 장학생으로 선발되었거나 장학금을 받았다는 내용이 보인다.

물론 장학금을 받기가 마냥 쉽지는 아니지만 정보만 잘 가지고 있어도 절반은 성공한 거나 다름없다. 유학 중 장학금을 받은 사실만으로 경력이 되기에 장학금을 받는 것은 나쁘지 않은 선택이다.

가장 유명한 장학금은 독일의 국가장학금 'DAAD(Deutscher Akademischer Austauschdienst)'다.

'DAAD' 장학금의 경우 매달 돈을 받는 것과 해외 연수를 위한 일회성 장학금인 'Promos', 두 가지가 대표적이다. 매달 돈을 받는 장학금은 오디션을 통해 선발한다. 보통 각 학교에서 자체 오디션을 열어 장학금 수혜자를 선발한다.

'Promos' 장학금은 해외 연수를 위한 일회성 지원금인데, 독일 기준 해외이기 때문에 독일 내 사용이 안 된다. 저자는 'Promo' 장학금을 받아 오스트리아 잘츠부르크에서 열리는 모차르테움 썸머 아카데미에 참가하였다.

DAAD장학금 이외에도 학교마다 자체적으로 운영하는 'Förderverein'과 같은 학생 지원부처에 도움을 요청할 수 있다. 학교 자체 장학제도의 경우 공고하는 오디션과 신청 기간이 있기도 하지만 지원이 필요한 학생 개인이 직접 사무실에 방문하여 도움을 요청하면 학교 측에서 도와줄 방법을 찾아주는 식으로 많이 진행된다.

'Deutschlandstipendium', 'STIBET Studienabschlussstipendium', 'Elsa-Neumann-Stipendium', 'Encuentro de Música y Academia de Santander', 'Lucia-Loeser-Stipendium', 'Ottilie-Selbach-Redslob-Stiftung', 'Studienstiftung des Deutschen Volkes', 'Giovanni Omodeo-Stiftung' 등의 장학제도가 있다. 이외에도 사

설 재단에서 운영하는 음악 예술 지원 장학사업도 있으니, 구글에 'Musikstipendium+연도+deutschland'를 검색하여 찾아보자.

장학금을 주는 기관이나 단체마다 세부적인 내용은 다르겠지만 요구하는 서류들이 있다.

공통으로 **신분증**, Immatrikulationsbescheinigung, Studienprognose(학교에 등록되었다는 증빙자료, 남은 학업기간), Empfehlungsschreiben/Gutachtung des/r Professor/in(교수의 추천서), Lebenslauf, Motivationsschreiben 등이 있겠다. 위 다섯 가지 서류는 정말 중요한 서류이기에 신경 써서 제출해야 한다. 신분증은 여권과 체류 허가 비자를 스캔하거나 복사해서 제출하면 된다. 학교에 등록되었으며 학업이 얼마나 남았는지에 대한 증거자료는 학과사무실이나 입학처에서 받으면 된다. 여기까지는 문제가 없다. 교수의 추천서부터 신경을 써야 하는데, 장학금을 받기 위해 우선 지도교수의 추천서를 받고 이외에도 다른 교수들에게 최대한 많이 받는 것이 좋다.

실기 지도교수가 아니라도 이론 수업을 하는 교수나 교양과목 수업을 맡은 교수, 유명 연주자의 추천서도 제출할 수 있다. 추천서를 제출할 때 보통 세 명 이상의 추천을 요구하는 편이며 추천서에 해당 장학금에 대한 언급이 반드시 들어가야 한다.

여기까지도 교수가 작성해 주는 문서이기에 본인이 크게 걱정할 것 없다. 이력서와 함께 장학금을 받아야 하는 이유에 대한 'Motivationsschreiben'은 직접, 그것도 독일어로 작성해야 하기에 신경을 기울여 잘 써야 한다.

이력서를 작성하는 방법은 부록을 살펴보도록 하자. 이력서보다 어려운 것이 'Motivationsschreiben'이다. 여기에는 내가 누구이며, 무엇을 공부하고 있고 왜 장학금이 필요한지 쓰면 되는데, 돈이 필요하다는 이유만으로 충분하지 않다. 이 장학금을 받아 어떻게 사용할 계획인지 상세히 작성하고, 장학금을 받게 되면 자신에게 어떤 이점이 생기는지 작성해야 한다. 문법을 틀리지 않는 것은 물론, 작문 센스까지 필요하다.

저자의 경우 혼자 최대한 열심히 작성한 후 학교 독일어 선생님(독일인)에게 첨삭을 받고, 매니지먼트 수업을 하던 지금은 한스 아이슬러 음악대학의 총장이 된 안드레아 토버 교수에게도 조언받았다.

고민할 필요 없이 지금은 인공지능에 대필을 맡겨도 충분할 것 같다는 생각이 들기도 한다. 챗GPT에 'Schreib Motivationsschreiben für Stipendium'이라고 명령하면 꽤 좋은 문장을 생성해 준다. 거기서 디테일만 조금 수정하면 문맥과 문법은 크게 걱정 없으리라 본다.

가장 중요한 건 작성한 서류들을 바로 제출하지 말고 친분이 있는 학교 도서관 사서나 독일어 교사, 지도교수는 당연하며 독일어를 모국어로 사용하는 친구에게 컨펌 받도록 하자.

MUSIKSTUDIUM IN DEUTSCHLAND

# 수강 신청 방법과 학점 관리

독일 음악대학에 입학하고 첫 학기를 시작할 때 어려운 것 중 하나가 수강 신청이다. 한스 아이슬러 음악대학은 첫 학기에 수강 신청을 할 필요가 없다. 커리큘럼대로 학교에서 수업을 짜주기 때문이다. 그러나 첫 학기부터 직접 수강 신청을 해야 하는 학교도 있기에 수강 신청 방법과 학점에 대해 알려주고자 한다.

독일은 아날로그를 참 좋아하는 나라다. 많은 부분 디지털화되어 업무처리가 빨라졌다고 하지만 여전히 손으로 쓰는 것을 좋아한다. 수강 신청도 그렇다. 독일 음악대학에서 수강 신청을 하려면 수강 신청서를 들고 강의 첫 시간에 들어가서 교수에게 직접 수강 신청을 하고 신청서에 교수의 서명을 받아 학과사무실에 제출한다.

빠르면 개강 한 달 전, 보통 2주 전에 학과사무실 게시판이나 학교 수업 게시판에 다가오는 학기의 모든 수업계획이 붙는다. 수업 날짜와 시간, 학점, 필수인지 교양인지까지 공지한다. 우선 커리큘럼에 맞는 필수과목부터 선점하고 교양과목을 선택한다.

수업마다 첫 수업 날짜와 시간이 있는데, 학과사무실에서 받은 수강신청서를 가지고 첫 수업에 가서 교수에게 서명받는다. 이런 방식으로 한 학기에 들을 모든 수업의 서명을 받아 종이 뭉치가 모이면 다시 학과사무실에 제출하는 것으로 수강 신청이 완료된다.

2016년에 입학해서 몇 년간은 아날로그로 수강 신청을 했는데, 2019년 많은 부분 디지털화되어 수강 신청도 온라인으로 가능해졌다. 온라인 수강 신청은 학교마다 사용하는 포털사이트가 있는데, 한스 아이슬러와 데트몰트, 함부르크 음악대학은 'Asimut'라는 포털을 사용한다. 'Asimut'에서 연습실 예약이 가능하며 수강 신청과 이메일 보내기도 가능하다.

학교에서 수강 신청 사이트를 만들어 링크를 공유하는 곳도 있다. 온라인 수강 신청과 오프라인 수강 신청의 장단점이 분명히 있는데, 온라인 수강 신청의 경우 비교적 경쟁이 치열해 수강 신청이 열리자마자 신청해야 하는 것에 비해 오프라인 수강 신청은 비교적 경쟁이 치열하지 않고, 수강 인원이 초과되어도 교수 재량으로 신청을 받아주기도 하므로 어쩌면 더 쉬운 방법이라고 할 수도 있겠다.

온라인 수강 신청을 하는 학교에 입학했다면 학교에서 주는 가이드북을 따라 수강 신청을 하면 된다. 온라인 수강 신청을 하다 보면 필수로 들어야 하는 수업이 마감되어 신청하지 못하는 경우가 발생하는데, 당황하지 말고 해당 수업을 진행하는 교수에게 이메일로 문의하거나 방문 약속을 잡아 상황을 설명하면 수강 신청을 할 수 있다.

필수 수강과목의 경우 대부분 인원이 맞춰져 있으므로 신청이 안 되는 일이 드물지만, 간혹 타과생이 신청해 교양으로 듣는 경우 인원이 다 채워져 신청이 마감되는 경우가 있는데, 필수 수강인 학생이 우선권을 갖는다.

학점을 'LP(Leistungspunkt)'라고 하는데, 학사는 240학점을 채워야 졸업이 가능하며 석사는 120학점을 채워야 한다. 독일의 점수 시스템은 한국과 다른데, 1점부터 5점까지의 점수로 성취도를 평가한다.

1.0 ~ 1.50 = "Sehr gut" (매우 훌륭함)

1.51 ~ 2.50 = "Gut" (좋음)

2.51 ~ 3.50 = "Befriedigend" (충족함)

3.51 ~ 4.00 = "Ausreichend" (통과)

4.01 ~ = "Nicht ausreichend" (통과하지 못함)

100점 만점으로 점수를 평가하는 한국과 달리 1점 만점에 5점이 최하점인 독일의 점수 시스템을 알아야 한다. 졸업 때에 모든 학기 점수 평균을 내서 졸업점수로 반영한다. 학사 졸업 후 석사과정을 공부할 생각이 있다면 졸업점수가 2.0까지는 나와야 석사과정 원서 접수가 가능하다.

시험을 통해 점수를 받고 통과하는 과목 중 전공 필수 과목은 특히 신경 써야 한다. 한국인 학생 중 시험 연기와 재시험에 대해 잘 알지 못해 준비되지 않은 상태로 시험을 보고 좋지 않은 결과를 받는 경우가 종종 있다. 수업에 열심히 참여하고 모르는 부분이 있을 때마다 교수에게 질문하여 준비가 잘된 경우라면 좋겠지만 그렇지 못한 경우 시험을 보지 않고 수업을 드랍시켜 다음 학기에 재수강하여 확실히 알고 있는 때에 시험을 치르는 것이 좋다.

강의 중 모르는 내용이 있다면 그때그때 질문하거나 교수가 수업 중 질문을 받지 않으면 메모하여 수업이 끝나고 교수를 찾아가서 모르는 것을 무조건 알게 만들어야 한다. 모르는 것이 많이 쌓여 잠깐의 질문으로는 시간이 부족한 경우 교수에게 따로 면담을 요청하여 연구실로 찾아가 알 때까지 질문하자. 대부분 교수는 모르는 것을 질문한다고 짜증 내거나 화를 내지 않는다.

간혹 성격이 괴팍한 교수의 경우 짜증을 부리기도 하지만 무시하고 계속 질문하여 결국 알아내는 것이 중요하다. 괴팍한 교수일수록 시험에서 낙제점을 주어 퇴학을 시키는 경향이 있으니 무조건 좋은 점수를 받아야 한다.

시험 점수가 4점에서 5점이라면 낙제다. 낙제점을 받으면 한 번의 재시험 기회가 부여되는데, 한 달 정도 시간이 주어진다. 재시험에서 통과하지 못하면 퇴학(Exmatrikulation)당한다. 좋은 점수를 받는 것도 중요하지만 퇴학당하지 않는 것도 중요하기에 까다로운 수업은 확신이 있을 때 시험에 응하자.

시험을 보지 않고 다음 학기에 재수강을 하는 것이 가장 좋지만 그렇지 못한 경우 시험을 미룰 수 있다. 학과사무실이나 입학처에서 'Prüfungsverschiebung'이 가능한데, 말 그대로 시험을 미루는 것이다. 사유가 필요하지만, 건강상의 문제라고 하면 거절하지 않는다. 이것으로 한 달가량 시험을 미룰 수 있다. 독일 음악대학의 시험은 대부분 서술형이라 시험문제 유출이 되어도 상관없기에 가능한 시스템이다.

MUSIKSTUDIUM IN DEUTSCHLAND

# 학생의 권리

학교에서 불합리한 일을 겪었거나 심리적 상담이 필요한 경우 학교 내에서 도움을 받을 수 있다. 학교마다 이름이 다르지만 대부분 'Vertrauensteam'과 같은 'Vertrauen'이 들어간 사무실이 있다. 여성의 경우 'Frauenbeauftragte'와 같이 여성을 대상으로 도움을 주는 곳이 있다.

교수가 인종차별을 하거나 시험에서 의도적으로 나쁜 평가를 한다면 학교 내에 있는 'Vertrauensteam'에 면담 약속을 잡고 찾아가 도움을 요청할 수 있다. 그들이 행정적 권한을 가진 것은 아니지만 학생이 어떻게 해야 하는지 길을 잡아주고 해결까지의 과정을 함께 해 준다.

인종차별과 성희롱, 성폭행 등 심각한 사안이라면 해당 교수를 해임하고 고발하는 조치가 이뤄지겠지만 보통은 지도교수 변경을 권한다. '레어벡셀(Lehrwechsel)'이라고 하는데, 과정이 매우 까다로워 도움을 받는 것이 좋다.

지도교수를 바꾸는 것은 기존 지도교수와 새롭게 변경할 교수 둘의 관계도 생각해야 하는 복잡한 일이기에 중간에서 말실수라도 했다가 모두에게 안 좋은 이미지로 낙인찍힐 수 있다.

다른 상황으로는 유학 생활 중 우울감을 느끼거나 스트레스가 과도해서 신체적인 증상으로 나타나는 경우 정신과에 방문하여 치료받는 것이 좋지만 그 전에 학교에 있는 전문 상담사와 면담을 해보는 것이 좋다. 'Vertrauensteam'에 소속된 상담사는 학교와 별개인 전문 심리상담사다. 학교 내에서 상담하기도 하지만 비밀 유지와 편안한 분위기 조성을 위해 학교 밖 상담실에서 프라이빗한 상담을 진행한다.

학교에 소속되어 있다 해서 학교에서만 일하는 상담사가 아닌 외부 현장에서 상담실을 운영하고 정신과 병원과도 연계되어 일하는 심리사이기 때문에 믿고 찾아가도 된다. 저자는 5년 이상 우울증과 불안장애, 공황장애로 정신과 치료를 받고 있다. 책을 쓰는 지금도 공황과 우울로 인해 정신과 약물치료를 진행하는 중이다. 독일 유학 중에도 물론 공황장애로 힘들었는데, 학교에서 연결해 준 심리 상담사와의 면담을 통해 많은 도움을 받았다.

공황발작이 있을 때 호흡을 내리고 컨트롤하는 방법과 평소 명상하며 컨디션을 조절하는 방법, 우울의 원인을 함께 찾아주었고 타지에서 마음을 의지할 수 있는 든든한 기둥이 되어주었다. 유학 생활을 하며 마음이 힘들다면 버티다 결국 포기하고 귀국하지 말고 학교에 도움을 요청해 보자.

학생이 누릴 수 있는 권리로 학생회가 있다. 학생회 임원과 학생회장은 선출직인데, 1년마다 새로 뽑는다. 학생회는 다양한 일을 하는데, 학교 행사를 계획하고 Vertrauensteam을 지원하며 신입생을 위한 멘토링을 진행한다. 한스 아이슬러의 멘토링 프로그램은 'Buddy-Projekt'라 불렸는데, 신입생이 처음 입학해 학교에 적응할 때까지 1년에서 2년간 선배와 매칭을 통해 1:1로 도움을 주는 프로그램이다. 처음 정착해서 집을 구하고 비자를 받는 과정, 학교에서 수강 신청을 하고 학점을 관리하는 것까지 멘토링해 준다.

멘토링을 진행할 학생들을 자원 모집하고 있으며 대부분 지원율이 높아 신입생이 멘토와 매칭되지 못하는 경우는 거의 없다. 신입생이라면 학교에서 진행하는 멘토링 프로그램이 있는지 입학처나 학과사무실에 꼭 물어보도록 하자.

5장

# 완전한 귀국을 위한 정리

MUSIKSTUDIUM IN DEUTSCHLAND

# 집 계약
# 해지하기

유학을 마치고 귀국에 앞서 해야 할 일이 있는데, 그중 하나가 집 계약 해지와 거주지 신고 해지다. 월세 계약에 기간이 있는지 없는지에 따라 집 계약 해지의 방향이 달라진다.

세입자가 집을 비우기 3개월 전에 집주인에게 해지 의사를 표시하는 것이 매너다. 그래야 집주인도 3개월간 다음 세입자를 구해 공실 상태를 줄일 수 있기 때문이다. 갑작스러운 귀국이 결정되었다고 해도 최소한 한 달 전에 퇴실 의사를 전달하는 것이 좋다.

월세 계약서에 계약 기간이 명시되어 있다면 그 기간만큼만 살고 나가면 되지만 만약 기간을 연장했고 아직 계약 기간이 남아 있다면 집주인과 상의가 필요하다. 운이 좋으면 집주인이 조건 없이 남은 계약 기간을 취소하여 원만하게 합의가 되겠지만, 대부분 계약 기간을 채워서 월세를 내고 그냥 집을 비우거나 집주인이 허락한다면 남은 계약 기간은 쯔뷔셴미테(Zwischenmiete)로 제삼자에게 빌려준다. 쯔뷔셴미테로 들어온 세입자들이 단기로 집을 빌리다 보니 집을 엉망으로 만들고 나가는 경우가 있어 집주인이 잘 허락하지 않는다.

쯔뷔셴을 주지 않는다면 다른 방법으로 나흐미터를 구해 남은 계약을 승계시키는 것이다. 나흐미터(Nachmieter)는 다음 세입자를 말하는데, 계약 기간이 남으면 기존 세입자가 직접 다음 세입자를 구해 자신의 계약을 승계시킬 때 기존 세입자는 남은 계약 기간을 채우지 않아도 된다. 나흐미터가 들어오면 대부분 오랫동안 살다 나가기 때문에 집주인도 다음 세입자를 구하는 수고를 덜 수 있어 좋다.

나흐미터로 들어올 다음 세입자가 기존 세입자의 가구나 물건을 함께 넘겨받는 것을 '위버네멘(Übernehmen)'이라고 하는데, 위버네멘은 기존 세입자가 다음 세입자에게 중고로 가구와 물품을 판매하는 것이기에 기존 세입자가 가격을 책정하여 다음 세입자에게 넘겨준다.

위버네멘 하는 것은 귀국 짐을 줄이는 아주 좋은 방법이라고 할 수 있겠다. 나흐미터를 구하려면 먼저 집주인과 상의하여 나흐미터를 들이겠다 합의하고 학교 게시판에 공고를 붙이고 페이스북 그룹에 매물을 올려서 노출한다. 베를린리포트와 같은 한인 커뮤니티에 나흐미터 매물을 올리면 노출 수가 많다.

다니는 한인교회가 있다면 교회에도 집이 빈다 말하고 다니는 것이 좋겠다. 쯔뷔셴미터를 홍보하는 방법도 위와 같다. 집을 해지하고 나면 거주지 해지 신고를 해야 하는데, 이것을 '압멜둥(Abmeldung)'이라고 한다. 압멜둥은 안멜둥과 같은 관청에서 신청할 수 있다. 압멜둥을 하지 않으면 독일에 주소지가 있는 것으로 간주하여 체류 허가 기간이 만료된 이후 체류자격에 문제가 발생하기 때문에 압멜둥을 하여 독일에 주소지가 없음을 분명히 해야 한다.

MUSIKSTUDIUM IN DEUTSCHLAND

# 건강보험
# 해지하기

건강보험(Krankenversicherung/Krankenkasse)은 유학 생활 중 비자를 받기 위해서만 아니라 병원에 방문하고 약국에서 약을 살 때 유용하게 쓰이기 때문에 건강보험에 가입하여 매달 보험료를 내고 있었을 것이다.

건강보험을 해지하는 것은 간단하다. 가입한 보험사에 방문하여 '퀸디궁(Kündigung)'하고 싶다고 말하면 보험사 직원이 이유를 물어볼 텐데, 귀국하여 독일에 다시 돌아오지 않는다고 말하면 더 이상 묻지 않고 해지를 처리해 준다.

귀국 파트를 읽고 있는 당신은 이미 긴 독일 유학 생활을 했겠지만 그래도 몇 가지 문장을 예시로 들겠다.

Ich möchte meinen Vertrag kündigen.
계약을 해지하고 싶습니다.

Ich fliege für immer nach Korea./Ich verlasse Deutschland für immer.
독일을 떠나 한국으로 완전한 귀국을 합니다.

Ich habe mein Studium abgeschlossen/absolviert.
공부를 마치고 돌아갑니다.

앞에서 언급했듯 유학 생활을 오래 했다고 어려운 표현을 사용할 필요가 없다. 간단하게 의사전달만 하면 되기 때문에 할 말만 간단하게 하자. 저자는 'TK(Techniker Krankenkasse)'의 가입자였고, 귀국을 위해 집에서 가까운 TK에 방문 예약을 하고 방문해 계약 해지를 원한다 말하고 학업을 마쳐 완전히 귀국한다는 사실을 전달했다.

중요한 것은 귀국하는 당일까지 보험이 유지되어야 한다는 것이다. 보험 해지 시 직원이 안내하겠지만 사람 일이 어떻게 될지 모르기 때문에 귀국 항공권을 먼저 끊은 뒤 보험사에 방문하여 보험을 해지하자. 해지 시 보험사에서 귀국 항공권을 요구하기도 한다.

귀국일이 9월 1일이고 현재 8월 2일에 보험사에 방문하여 해지를 요구한다면 보험 해지일을 9월 2일로 설정하는 것이 좋다. 귀국 전에 병원에 갈 일이 생길 수 있다. 귀국 짐을 싸고 보내다가 손가락을 다쳐 병원에 방문했었다. 한 달 전 당일 해지로 보험이 없어졌다면 아픈 손가락에 비싼 병원비까지 낼 뻔했다.

보험 해지도 보험 가입과 마찬가지로 테어민을 잡고 방문해서 할 말만 정확히 하면 나머지는 보험사 직원이 알아서 해준다.

### 요약

보험사에 테어민을 잡고 방문하여 보험 해지 의사를 밝힌다. 보험 해지는 귀국 항공권 기준 +1일을 더해 해지일을 정한다. 준비물로는 여권, 비자, 보험 카드, 한국행 귀국 항공권, 제적 확인서(Exmatrikulationsbescheinigung) 혹은 졸업증명서(Urkunde)가 있다.

MUSIKSTUDIUM IN DEUTSCHLAND

# 휴대전화 해지하기

휴대전화 해지를 하기 전 미리 알아야 할 것이 있다. 휴대전화 요금제를 약정계약으로 하게 되면 원하는 시기에 해지하기 어렵다. 약정기간이 남아 있는 경우 계약을 파기할 때 위약금을 내야 하는데 생각보다 위약금이 비싸기 때문이다.

학사는 4년, 석사는 2년이므로 학사의 경우 약정기간을 2년으로 했을 때 계약을 한 번 갱신했을 것이고, 석사의 경우 최초 계약 이후 약정 갱신이 돌아올 시기다. 약정을 연장하여 재계약을 하게 되면 요금할인 혜택을 받을 수 있지만, 귀국 시기가 다가오고 있다면 거기에 맞춰 휴대전화 약정기간을 조정하거나 재계약 없이 무약정 요금제를 사용하는 것이 좋다.

휴대전화 해지는 오프라인 대리점에서도 가능하며 보험 해지와 같이 계약 해지 의사를 밝히면 된다(Vertrag kündigen). 휴대전화 계약 해지는 온라인으로도 가능한데, Telekom의 경우 텔레콤 홈페이지에 접속하여 로그인하고 'Mein Vertrag' 부분에서 'Kündigen'을 찾아 사이트에서 시키는 대로 진행하면 된다.

대부분 독일 생활에 필요한 계약이 그동안 사용하던 독일 번호로 되어 있을 것이므로 휴대전화 해지는 가장 마지막에 하는 것이 좋다. 다른 계약 해지를 위해 본인인증을 하는 수단으로 휴대전화를 사용하게 되는데 휴대전화를 먼저 해지하면 다른 기관에서 업무처리에 불편함이 있다.

준비할 것으로는 여권, 체류 허가증, 휴대전화 계약서 정도면 된다. 오프라인 매장 방문을 기준으로 한다.

MUSIKSTUDIUM IN DEUTSCHLAND

# 은행 계좌 해지하기

은행 계좌를 해지하는 것은 귀국 이후에 한다. 월세 계약 시 집주인에게 월세 보증금을 송금했을 것이다. 월세 계약을 해지하고 보증금을 바로 돌려받는 것이 아니라 짧게는 4개월에서 길게는 1년까지도 집주인이 보증금을 반환하지 않기 때문에 세입자가 천천히 기다리는 것밖에 없다.

퇴실 이후 새로운 세입자가 들어오면 기존에 살던 세입자가 망가뜨리거나 노후 된 것들을 수리하는데, 그 비용을 보증금에서 차감한다. 퇴실 시 Einzugsprotokoll을 대조하여 Auszugsprotokoll을 작성하는데, 하우스마이스터가 담당한다.

집주인이 세입자의 보증금을 월세 계약서에 명시된 계좌로 송금하는데, 집 계약 시 독일 은행 계좌로 계약서를 작성하기에 독일 계좌가 유지되어야 한다. 귀국한 이후 우편으로 계좌를 해지할 수 있다.

귀국하게 되면 독일 주소가 없어지기 때문에 귀국 전 은행에 방문하여 고객 정보를 한국 주소로 변경한다. 이때 독일 은행에서 주소지 등록증을 요구하는데, 주소지가 적힌 영문 등본을 제출하면 된다.

귀국하여 월세 보증금까지 반환받은 이후 통장에 있는 모든 잔액을 한국 계좌로 송금한 뒤 독일 은행에 서면으로 해지통보를 하고 기다리면 해지가 완료된다. 독일을 떠나 계좌를 사용하지 않고 1년이 지나면 은행 측에서 자동으로 계좌를 해지하기도 한다.

한국에서 독일 은행 계좌 해지를 위해 은행에 이메일로 문의한다.

제목: Kündigung

내용: Sehr geehrtes Deutsche Bank Team.

Hallo. Ich bin 이름, Kunde/in bei Ihrer Bank. Meine Kontonummern sind DE00 0000 0000 0000. Da ich für immer nach Korea gekommen bin, wollte ich mein Konto kündigen. Kann ich per Mail mein Konto kündigen? Wenn Sie lieber Post nehmen, bitte schicken Sie mir Post.

Mit freundlichen Grüßen,

이름.

    위 예시와 같이 이메일을 보내고 회신을 기다렸다가 은행 측 안내에 따라 계좌를 해지하면 된다. 중요한 것은 위에서도 말했듯 독일에서 돌려받을 돈이 모두 입금된 이후 계좌를 해지하는 것이다.

MUSIKSTUDIUM IN DEUTSCHLAND

# 귀국 짐
# 정리하기

귀국 과정 중 가장 체력을 많이 소모하는 일이다. 유학 생활이 길었다면 그만큼 짐도 많다. 귀국 짐 중 한국에 무조건 가지고 가야만 하는 짐을 우선 선별하여 비행기 탑승 시 수하물로 가져갈 수 있는 짐과 그렇지 않은 짐으로 구분한다.

위탁수하물로 다 보낼 수 없다는 전제하에 짐을 싸 한국에 택배로 보낸다. 짐을 구분할 때 중요한 것은 "비우기"다. 소모품과 오래된 옷은 주변에 나눠주거나 과감하게 버리고 오는 게 좋다. 꼭 한국으로 가져가야만 하는 물건이 아니라면 독일 현지에서 모두 처분한다.

크기가 큰 가구는 나흐미터가 있다면 위버네멘 시키거나 중고로 판매한다. 페이스북 마켓 플레이스, 이베이 클라인 안짜이게 등 온라인 플랫폼에 물건 사진과 가격을 올려놓으면 구매 의사가 있는 사람에게 연락이 온다. 한국인과 거래보다 외국인과의 거래가 더 쉬울 수 있다. 외국인이 의외로 쿨거래다. 큰 가구는 들이지 않는 것이 좋긴 하지만 꼭 필요한 가구라면 처분할 때를 생각해서 최소한으로 들이자.

귀국 짐을 정리하는 동안 이틀에 한 번 친구들을 초대해 집에 있는 물건을 나눠주자. 수저 세트, 접시, 면봉 등 소소하지만 처분하기 애매한 생활용품을 나눠주는 것이 좋다. 새 양말들과 수저, 안 쓴 면봉, 새 치약, 마스크팩, 칫솔, 비누 등 모두 친구들에게 나눠줬다. 접시도 다 나눠주고 마지막에는 일회용품으로 살다가 버리고 떠났다.

입지 않는 옷도 나눔 대상이다. 나눠주기 어려운 옷은 Altkleidung을 모으는 헌 옷 수거함에 집어넣으면 된다. 집 앞에 헌 옷 수거함이 없다면 구글에 'altkleidercontainer in der nähe'를 검색하여 찾는다. 정말 마음에 드는 옷과 비싼 옷들만 가지고 귀국하자. 짐을 어느 정도 정리했다면 위탁수하물을 미리 싸두자. 마지막으로 정리할 짐을 빼고 나머지 가방은 미리 싸서 준비하는 것이 좋다.

나머지 한국으로 보낼 짐은 택배로 보내면 되는데, 무거운 짐을 끌고 택배사까지 찾아가는 수고를 하지 않아도 된다. 우선 택배 박스를 구입한다. 오프라인 매장에서 구매해도 되고 아마존에 주문해도 된다. 박스에 물건을 담고 테이프로 미라를 감듯 칭칭 두른다. 국제 배송 중 박스 파손이 잦기 때문이다. 포장이 끝나면 구글에 'DHL Abholung'을 검색한다. DHL Abholung은 집 문 앞까지 택배기사가 택배를 수거하러 오는 서비스인데, 무거운 짐을 직접 옮기지 않아도 된다는 점이 좋다.

택배 송장도 인터넷으로 구매할 수 있는데, 구글에 'DHL Online Frankierung'을 검색하여 원하는 옵션을 골라 구매한다. 운송장 출력은 직접 해야 한다. 학교나 주변 복사집을 이용하자.

'DHL Online Frankierung'에 들어가서 'Zielland'를 'Südkorea'로 설정하고 박스의 무게를 선택한다. 집에 무게를 재는 도구가 없다면 박스의 무게보다 대충 더 무거운 옵션을 선택한다. 무게가 초과하면 반송된다.

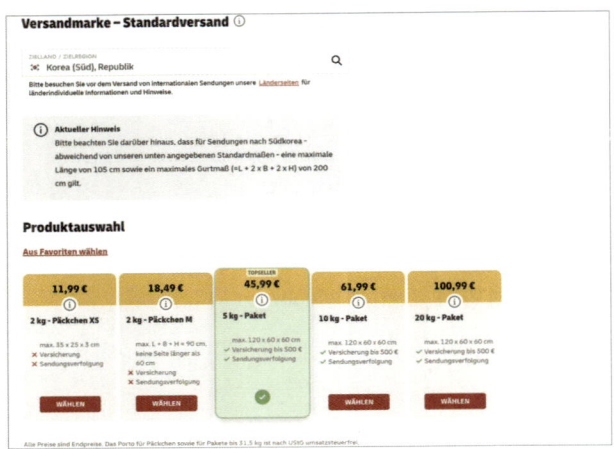

옵션을 선택하고 배송자와 배송지까지 입력하고 결제하면 압홀룽(Abholung)을 신청한다. 수거비용 3유로는 별도로 결제한다.

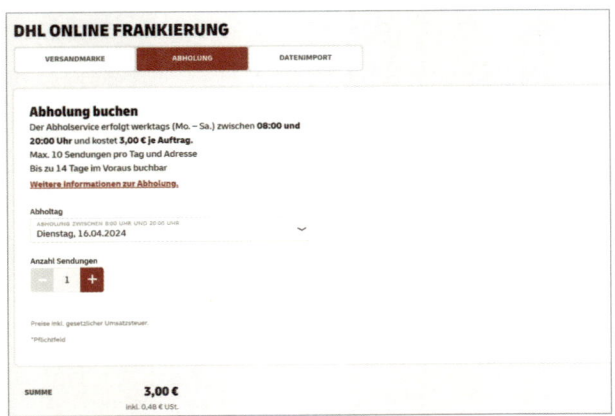

원하는 날짜에 수거신청까지 한 뒤 온라인으로 결제한 송장을 출력하여 상자에 붙인다. 송장이 훼손될 수 있으니 투명 테이프로 송장을 칭칭 감아 빈틈이 없게 만들어 주는 것이 중요하다.

택배 픽업은 날짜만 선택이 가능하며 시간은 택배기사가 당일 일정에 맞춰 방문하기 때문에 픽업 날에는 종일 집에서 기다리고 있어야 한다. 픽업 당일 사람이 없어 택배기사가 돌아가게 되면 다시 3유로를 내고 수거 예약을 해야 한다.

한국으로 보내는 짐에 문제가 발생하게 되면 택배를 폐기할 것인지 반송할 것인지는 본인의 선택이나, 귀국 후 독일로 반송했을 때 어떻게 할 것인지 잘 생각해 보자.

부패 위험이 있는 식품류는 될 수 있는 대로 다 먹고 오거나 버려야 한다. 포장을 뜯지 않은 새 음식이라도 가끔 탈이 나는 경우가 있어 정말 내가 먹어도 괜찮은 음식만 나눔을 진행하고 나머지는 모두 버리자.

그렇게 정리하고 정리해도 남는 짐이 있다. 퇴소하는 날 Auszugsprotokoll을 작성하러 온 하우스마이스터에게 집에 남은 물건을 모두 폐기해 달라고 부탁하면 보증금에서 폐기 비용을 차감하는 대신 남은 짐을 버려준다.

MUSIKSTUDIUM IN DEUTSCHLAND

# 학위 및
# 각종 서류 공증

학업을 무사히 마치고 귀국하기 전, 독일 음악대학에서 받은 학위와 성적표 등의 서류를 공증해야 한다. 귀국 후 후학 양성을 위해 출강을 하거나 교직에 임용되거나 직장에 취업하는 다양한 상황들에 학력을 입증하려면 공증된 학위본이 필요하다.

공증하는 이유가 무엇일까? 원본 서류를 제출하면 되는 게 아닐까? 하는 궁금증이 있을 수 있다. 영리활동을 위해 기관에 이력서를 제출할 때 허위 사실을 기재하거나 서류를 위조하는 것은 범법행위다. 이력서를 받는 측에서 지원자가 작성한 내용들이 허위가 아닌 사실인지 꼼꼼히 검증하게 되는데, 공증본이 있다면 학위 서류가

진짜라는 것을 알 수 있어 공증된 학위본을 요구하는 것이다.

졸업 후 학위와 관련 서류들을 아포스티유 공증을 통해 공식적으로 인증하여야 한다.

한 국가의 문서가 다른 국가에서 인정받기 위해서는 문서의 국외 사용을 위한 확인(legalization)을 받아야 한다. 일반적으로 문서가 사용될 국가가 자국의 해외공관에서 '영사 확인'의 방식으로 공관이 소재하고 있는 국가의 발행 문서 신뢰성을 확인하고 있다. 그러나 이 과정에서 발생하는 시간과 비용 면에서 불편이 생겨났고, 이러한 불편을 해결하기 위해 문서 발행국의 권한 당국이 자국의 문서를 확인하면 아포스티유 협약 가입국들은 자국의 해외공관이 현지 국가가 발행한 문서에 대한 추가적 확인 없이 자국에서 직접 사용할 수 있도록 인정하는 것이 아포스티유 협약(외국 공문서에 대한 인증 요구 폐지 협약)이다.

우리나라에서는 외교부와 법무부가 아포스티유 권한 기관으로 지정돼 있다. 외교부와 법무부에서 아포스티유 협약 규정에 따라 문서의 관인 또는 서명을 대조하여 확인·발급하는 것을 '아포스티유 확인'이라 한다. 아포스티유 확인서를 받은 우리나라 공문서는 한국에 있는 외국공관의 영사 확인 없이 협약 가입국에서 공문서의

효력을 인정받을 수 있다.

*[네이버 지식백과] 아포스티유(시사상식사전, pmg 지식엔진연구소)*

독일 음악대학은 졸업식이 없어 학위 발급이 완료되면 입학처나 학과사무실에서 학위를 수령한다. 이때 학교에 공증을 위한 서류를 요구하면 된다. 도시마다 다르겠지만 베를린의 경우 학교에서 1차로 'Vorbeglaubigung'을 받고 2차로 'Landesamt für Bürger- und Ordnungsangelegenheiten(LABO)'에 방문하여 아포스티유 공증을 받는다.

1차로 학교에서 학위가 진본임을 공증하면 2차로 관청에서 아포스티유를 발급하여 서류가 공증되는 시스템이다. 공증 방법은 학교에서 학위를 수령할 때 물어봐도 되지만 이해가 안 되는 부분이 있다면 구글에 'Urkunde apostilleren lassen+도시 이름'으로 검색하여 해당 관청 홈페이지를 찾아 설명을 읽어보면 된다.

*https://service.berlin.de/dienstleistung/320315/*

위 사이트를 보면 베를린에 있는 대학의 학위 공증에 관한 내용이 나와 있다. 실제로 학위 공증을 위해 방문해 본 후기로는 테어민 잡기가 굉장히 어려우며 공증 수수료가 제법 나왔다. 다른 도시도 대부분 테어민 잡는 것이 쉽지 않을 것으로 보아 최소한 3개월에서 5

개월 정도 전에 미리 테어민을 잡고 여유롭게 기다리는 것이 좋다.

* 베를린 아포스티유 안내문(Apostille/Legalization)은 부록을 참고

# · 베를린 아포스티유 안내(Apostille/Legalization) ·

50 g schwer.
  ○ Großbrief = 10,10 Euro
Ein Großbrief ist 100-353 mm lang, 70-250 mm breit und 20 hoch und bis 500 g schwer.

Sobald die Sendung bearbeitet und verschickt wurde, erhalten Sie die Sendungsnummer (Trackingcode). Mit der Sendungsnummer können Sie online den Versandstatus abrufen. Der Zeitpunkt der Zustellung kann so besser eingeschätzt werden.
Verbindliche Angaben, wann die Sendung im Ausland ankommen wird, können nicht gegeben werden. Bitte sehen Sie von Nachfragen ab und nutzen das Sendungsverfolgungsverfahren.

Weitere Angaben erhalten Sie auf unserem Informationsblatt (siehe "Weiterführende Informationen").

## Erforderliche Unterlagen

- **Für die Beglaubigung von Urkunden, die in Berlin ausgestellt wurden:**
  Diese Urkunden müssen Sie im Original vorlegen.
- **Für die Vorbeglaubigung von Urkunden oder Zeugnisse von Schulen (außer Privatschulen, die nicht staatlich anerkannt sind) :**
  Bitte wenden Sie sich an die Senatsverwaltung für Bildung, Jugend und Familie.
  Im Anschluss kann eine Apostille / Legalisation durch das Landesamt für Bürger- und Ordnungsangelegenheiten ausgestellt werden.
- **Für die Vorbeglaubigung von Urkunden von staatlichen Hochschulen:**
  Bitte wenden Sie sich an das zuständige Prüfungsbüro Ihrer Hochschule.
  Im Anschluss kann eine Apostille / Legalisation durch das Landesamt für Bürger- und Ordnungsangelegenheiten ausgestellt werden.
- **Für die Vorbeglaubigung von Urkunden von im Land Berlin staatlich anerkannten privaten Hochschulen:**
  Bitte wenden Sie sich an die Senatsverwaltung für Wissenschaft, Gesundheit, Pflege und Gleichstellung.
  Im Anschluss kann eine Apostille / Legalisation durch das Landesamt für Bürger- und Ordnungsangelegenheiten ausgestellt werden.
- **Für die Vorbeglaubigung von Urkunden der Charité:**
  Bitte wenden Sie sich an die Charité.
  Im Anschluss kann eine Apostille / Legalisation durch das Landesamt für Bürger- und Ordnungsangelegenheiten ausgestellt werden.
- **Für die Vorbeglaubigung von deutschsprachigen ärztlichen Bescheinigungen:**
  Bitte wenden Sie sich an das Landesamt für Gesundheit und Soziales.
  Im Anschluss kann eine Apostille / Legalisation durch das Landesamt für Bürger- und Ordnungsangelegenheiten ausgestellt werden.
- **Für die Vorbeglaubigung von Bescheinigungen von einem Finanzamt:**
  Bitte wenden Sie sich an die Senatsverwaltung für Finanzen. Mehr zum Thema siehe "Weiterführende Informationen".

Im Anschluss kann eine Apostille / Legalisation durch das Landesamt für Bürger- und Ordnungsangelegenheiten ausgestellt werden.
- **Für die Vorbeglaubigung von Zeugnisse von katholischen Schulen:**
  Bitte wenden Sie sich zuerst an das Erzbischöfliche Ordinariat. Bitte wenden Sie sich danach an die Senatsverwaltung Kultur und Europa.
  Im Anschluss kann eine Apostille / Legalisation durch das Landesamt für Bürger- und Ordnungsangelegenheiten ausgestellt werden.
- **Für die Vorbeglaubigung von Urkunden und Dokumente von Kammern, zum Beispiel Ärztekammer, Apothekerkammer, Industrie- und Handelskammer (IHK), Rechtsanwaltskammer, Architektenkammer:**
  Bitte wenden Sie sich an die jeweilige Kammer.
  Im Anschluss kann eine Apostille / Legalisation durch das Landesamt für Bürger- und Ordnungsangelegenheiten ausgestellt werden.

## Formulare

- **Beglaubigung von öffentlichen Urkunden für Auslandszwecke (bei Einreichung der Unterlagen per Post)**
  (https://www.berlin.de/formularverzeichnis/?formular=/labo/zentrale-einwohnerangelegenheiten/_assets/mdb-f402972-20160317_vordruck_apostillen.pdf)

## Gebühren

- 19,00 Euro pro Urkunde/Dokument: Apostille
- 19,00 Euro pro Urkunde/Dokument: Vorbeglaubigung für eine Legalisation
- 5,00 Euro je Seite: Beglaubigung für deutsche Pässe, Ausweise und Aufenthaltstitel
- 5,00 Euro: Unterschriftsbeglaubigungen
- 5,00 Euro: Einfache Beglaubigungen fürs Inland (zum Beispiel Zeugnisse)
- Zusätzliche Portokosten bei Versand ins Ausland

## Rechtsgrundlagen

- **Übereinkommen zur Befreiung ausländischer öffentlicher Urkunden von der Legalisation**
  (https://www.personenstandsrecht.de/Webs/PERS/DE/uebereinkommen/_documents/haager-uebereinkommen/ue02.html)

## Durchschnittliche Bearbeitungszeit

- Wenn Sie persönlich vorsprechen: erfolgt sofort
- Wenn Sie uns die Dokumente mit der Post übersenden: ca. 4 Wochen (innerhalb von Deutschland)
- Wenn Sie uns die Dokumente mit der Post übersenden und die Rücksendung ins Ausland wünschen: Es können keine verbindlichen Angaben zu den Versandzeiten gemacht werden.

## Weiterführende Informationen

- **Informationen des Auswärtigen Amtes: Deutsche öffentliche Urkunden zur Verwendung im Ausland**
  ([https://www.auswaertiges-amt.de/de/urkunden/2007718#content_0](https://www.auswaertiges-amt.de/de/urkunden/2007718#content_0))
- **Informationen des Auswärtigen Amtes: Beglaubigung / Legalisation / Apostille / Beschaffung von Urkunden**
  ([https://www.auswaertiges-amt.de/de/beurkundungen-beglaubigungen/2007716](https://www.auswaertiges-amt.de/de/beurkundungen-beglaubigungen/2007716))
- **Informationen des Bundesverwaltungsamts: Beglaubigung / Apostille beantragen**
  ([https://www.bva.bund.de/DE/Services/Buerger/Ausweis-Dokumente-Recht/Apostillen-Beglaubigungen/apostillen-beglaubigungen_node.html](https://www.bva.bund.de/DE/Services/Buerger/Ausweis-Dokumente-Recht/Apostillen-Beglaubigungen/apostillen-beglaubigungen_node.html))
- **Informationsblatt zur Beglaubigung von Urkunden zur Vorlage im Ausland**
  ([https://www.berlin.de/labo/_assets/buergerdienste/20180904_informationen-zu-beglaubigungen.pdf](https://www.berlin.de/labo/_assets/buergerdienste/20180904_informationen-zu-beglaubigungen.pdf))
- **Beglaubigungen von Auskünften in Steuersachen, Ansässigkeitsbescheinigungen für das Ausland (Apostille/Legalisation)**
  ([https://service.berlin.de/dienstleistung/327459/](https://service.berlin.de/dienstleistung/327459/))

## Hinweise zur Zuständigkeit

Pro gebuchten Termin ist die Anzahl der zu beglaubigenden Dokumente auf maximal 3 begrenzt. Falls mehrere Dokumente beglaubigt werden müssen, buchen Sie bitte eine entsprechende Terminanzahl.

16.04.2024

# · 입학 허가서 예시(Zulassungsbescheid) ·

Hochschule für Musik "Hanns Eisler" Berlin • Charlottenstraße 55 • D-10117 Berlin

Mustermann
Muster-dong, Muster Apt. 000-0000, Muster-gu

13456 Muster
Republik Südkorea

## ZULASSUNGSBESCHEID
## für das Wintersemester 2016/2017

Sehr geehrte(r) Mustermann,

wir freuen uns, Ihnen mitteilen zu können, dass Sie zum Hochschulstudium im

**Studienprogramm**: Bachelor of Music in Klavier
**Semestereinstufung**: 1. Fachsemester

zugelassen sind.

Ihre Immatrikulation ist mit folgenden Auflagen verbunden:

- **Zulassungsprüfung Nebenfach Musiktheorie** (siehe Anlage) (bis zum 06.10.16 23:59)
- **Deutschkurs** (intensiv) (bis zum 05.09.16 08:30)
- **Sprachnachweis** (bis zum 07.10.16 23:59)

**Zur Annahme Ihres Studienplatzes klicken Sie bitte den grünen Butten "Studienplatz annehmen" in Ihrer Bewerbung an.**

Die **Einschreibung** zur Studienaufnahme im Wintersemester 2016/2017 nehmen Sie bitte im

**Immatrikulations- und Prüfungsamt Charlottenstraße 55, 10117 Berlin, Raum 637**
**bis zum 29.07.16 23:59**

vor. Bitte beachten Sie, dass eine Immatrikulation erst nach Erfüllung der Auflagen möglich ist.

**Die Einschreibeunterlagen können auch per Post eingesandt werden.**

| | |
|---|---|
| **Betrag in Euro** | EUR 500,59 |
| **Geldinstitut** | Postbank Berlin |
| **Empfänger** | Hochschule für Musik Berlin |
| **BIC** | PBNKDEFF |
| **IBAN** | DE77 1001 0010 0581 4031 01 |
| **Verwendungszweck** | 1610120039017 |

**Bitte beachten Sie:**

Geben Sie bitte unbedingt die Referenznummer unter "Verwendungszweck" an, da die Zahlung sonst nicht festgestellt werden kann.
Mehrtägige Überweisungszeiten sind möglich. Die Immatrikulation erfolgt erst, wenn die Zahlung bei der HfM Berlin gebucht ist.

**Aufschlüsselung der Forderungen in €:**

Studentenschaft der HfM
Sozialfonds-Beitrag
Verwaltungsgebühr
Deutschkurs (intensiv)
Sozialbeitrag
Beitrag zum Semesterticket

**Summe Forderung**
EUR 7,00
EUR 3,00
EUR 50,00
EUR 200,00
EUR 51,69
EUR 188,90
**EUR 500,59**

Wir wünschen Ihnen viel Erfolg und Freude im Studium an der Hochschule für Musik "Hanns Eisler" Berlin.

Im Auftrag

Schobel

## ERGÄNZUNG ZUM ZULASSUNGSBESCHEID

Liebe(r) Mustermann,

da Sie die erforderlichen deutschsprachigen Verständigungs- und Studienvoraussetzungen noch nicht nachgewiesen haben, ist Ihre Immatrikulation mit der Auflage verbunden, den Intensivsprachkurs Deutsch als Fremdsprache an der Hochschule für Musik "Hanns Eisler" Berlin zu belegen und durch Zertifikat nachzuweisen.

**KURSDATEN**
- 05.09.2016 bis 07.10.2016, jeweils Montag bis Freitag ab 8.30

Uhr
- Charlottenstr. 55, 10117 Berlin (Raum 154 und 156)
- Die Gruppeneinteilung erfolgt nach dem Einstufungstest am 05.09.2016

**KURSGEBÜHREN**
- Siehe Aufschlüsselung oberhalb (zuzüglich der Kosten für das Lehrmaterial)
- ERASMUS-Studierende können von den Kursgebühren befreit werden

**ANMELDUNG**

Die Anmeldung erfolgt mit dem Eingang der Kursgebühr.

Bitte legen Sie einen Nachweis über die Einzahlung in der ersten Unterrichtsstunde bei der Lehrkraft Ihres Kurses vor.

Weitere Informationen zu den Sprachkursen finden Sie auf unserer Website.

# CONDITION TO OFFER OF ADMISSION

Dear Mustermann,

As proof of the required adequate German Language Skills was not provided in your application, your enrolment is conditional and contingent upon your enrolment in and completion of an intensive German language course through which you may receive the appropriate certificate of German language skills.

COURSE DATES
05.09.2016 bis 07.10.2016, Monday to Friday starting at 8:30 am
Charlottenstr. 55, 10117 Berlin (Room 154 and 156)
Placement tests will take place on 05.09.2016

COURSE FEES
See "Aufschlüsselung" above (plus the cost of teaching materials)
ERASMUS students may be exempted from the course fees

REGISTRATION
Registration is complete as soon as the payment is received.

At the beginning of the first lesson, please show a receipt for payment to the teacher.

Information regarding language courses can be found on our website.

## · 이력서 예시(Lebenslauf) ·

**Max Mustermann**

Musterstraße 1
12345 Musterstadt

## Lebenslauf

**Persönliche Daten**

| | |
|---|---|
| Name: | Max Mustermann |
| Geburtsdatum: | 01.01.1970 |
| Wohnort: | 12345 Musterstadt |
| Straße: | Musterstraße 1 |
| Telefon: | 12345 67890 |
| E-Mail: | tableb@blocomo.com |
| Familienstand: | ledig |

Foto

**Beruflicher Werdegang**

September 2009 - heute

Musterfirma
Musterstelle
- Aufgabengebiet 1
- Aufgabengebiet 2
- Aufgabengebiet 3

Juli 2000 - August 2009

Musterfirma
Musterstelle
- Aufgabengebiet 1
- Aufgabengebiet 2
- Aufgabengebiet 3

**Akademische Laufbahn**

September 1996 - Juni 2000

Musterstudium Hochschule Musterstadt
Abschluss: Muster-Abschluss

September 1992 - Juni 1996

Musterstudium Hochschule Musterstadt
Abschluss: Muster-Abschluss

# Max Mustermann

Musterstraße 1
12345 Musterstadt

## Berufsausbildung

September 1989 - Juni 1992   Ausbildung zum Musterberuf bei Musterfirma

## Schulbildung

September 1982 - Juni 1989   Musterschule
Abschluss: Abitur

## Weiterbildungen

September 2009 - November 2009   Weiterbildung zur Musterqualifikation
Abschluss: Muster-Abschluss

## EDV-Kenntnisse

Microsoft Office 2010
HTML (gut)

## Sprachkenntnisse

Englisch (gut)

## Hobbys & Interessen

Musterinteresse 1
Musterinteresse 2
Musterinteresse 3


Musterstadt, den 01.01.1970

*Unterschrift*

# · 전공별 커리큘럼 예시
## (Hanns Eisler, München) ·

**HfM Hanns Eisler Berlin**

Studienfächer: Hochschule für Musik Hanns Eisler Berlin(h-fm-berlin.de)

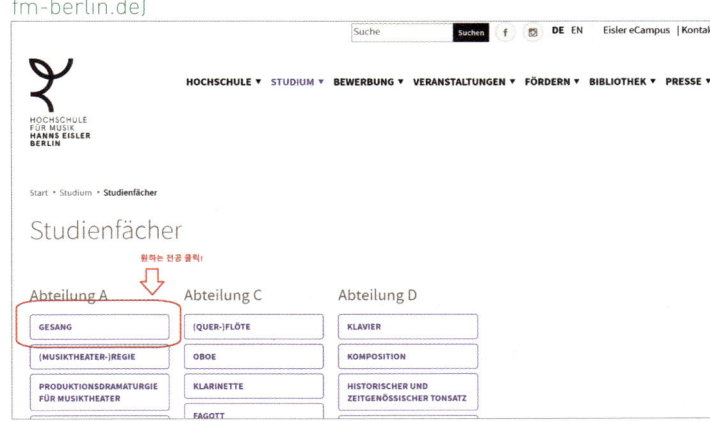

다음 페이지로 넘어가서 Musterplan 다운로드 클릭, 이외에도 필요한 문서 열람

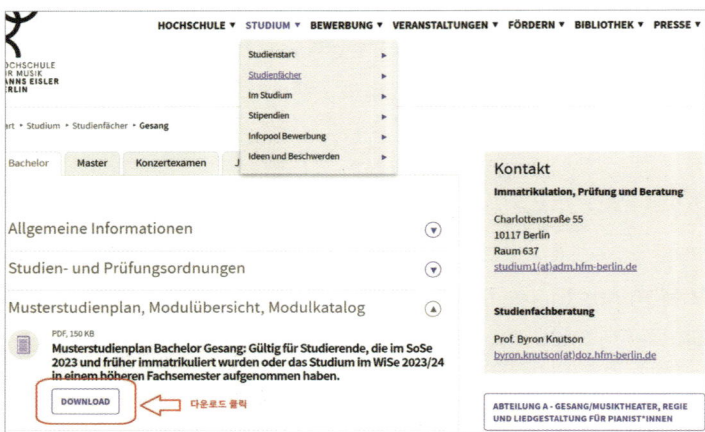

## HMT Munich
Musik Archive – HMTM

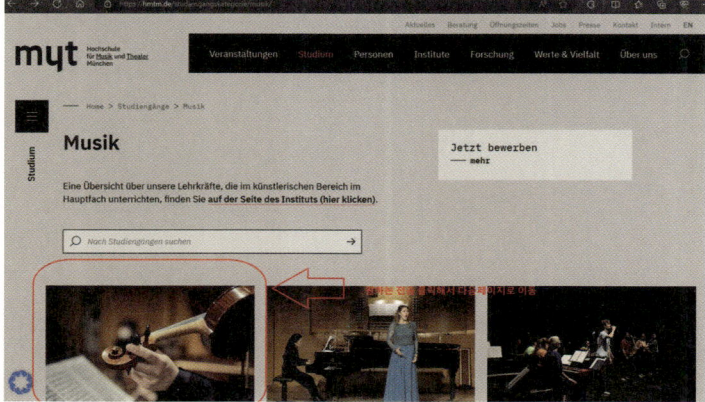

예시로 'Instrumente' 클릭 후 다음 페이지로 이동

클릭해서 다음 페이지로 이동

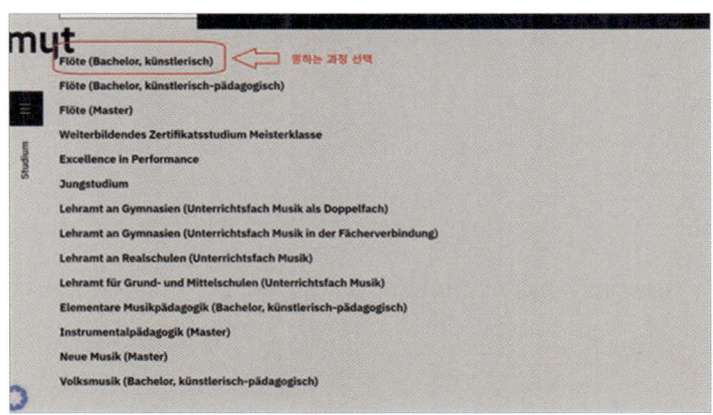

원하는 학위과정을 선택하여 다음으로 이동

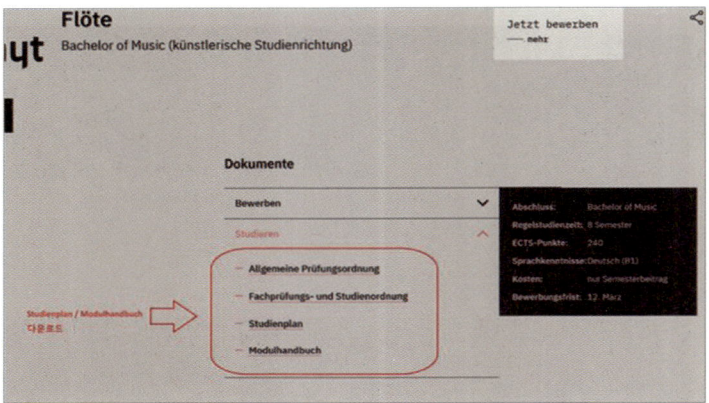

## · 거주지 신고 예시(Anmeldebestätigung) ·

# · 집 계약서 예시(Wohnungsvertrag) ·

## MIETVERTRAG ÜBER WOHNRAUM ZUM VORÜBERGEHENDEN GEBRAUCH

Unter Vermittlung bzw. Nachweis der immendo.de by MWZ Mitwohnzentrale Immobilien GmbH, Ruhrorter Str. 67-69, 47059 Duisburg, Tel.: 0203-311051, Telefax: 0203-315818, info@immendo.de, beauftragt durch den u. g. Wohnraumanbieter, wird nachfolgender Mietvertrag geschlossen. Die Vermittlerin übernimmt keine Haftung für evtl. entstehende Schäden im vermittelten bzw. nachgewiesenen Wohnraum. Ebenfalls haftet sie nicht für entstehende Nachteile bei Vertragsbruch.

**WOHNRAUMANBIETER** nachfolgend WA genannt:
Joachim Wichelhaus, Herderallee 22, 14612 Falkensee,
Tel.: 0173-5377039, 0173-5816984, immo-management@gmx.eu

**WOHNRAUMNUTZER** nachfolgend WN genannt:
Joosang Kim, Fischerinsel 14, 10179 Berlin, Tel.: 0160-0000000
Nutzer: Joosang Kim

1. Der WA vermietet zu Wohnzwecken folgende Räumlichkeiten im Hause:
Gutenbergstr. 20, 47051 Duisburg

2. OG, Apartment 6 Gut mit 1 Zimmer, Küche, Diele, Bad
- für 1 Person/en - Nichtraucher

### 2. MIETZEIT
Das Mietverhältnis wird für eine bestimmte Zeit geschlossen.
Der Mietvertrag beginnt am 01.05.2022 ab 15:00 Uhr und endet am 31.10.2022 um 11:00 Uhr.
Nach Ablauf der Mietzeit will der WA den Wohnraum wieder für sich, seine Familienangehörigen oder Angehörige seines Haushalts nutzen oder in zulässiger Weise die Räume beseitigen oder so wesentlich verändern oder instand setzen, dass die Maßnahmen durch eine Fortsetzung des Mietverhältnisses erheblich erschwert würden (§ 575 Abs. 1 BGB). Der Vermieter bezeichnet seine Gründe für den befristeten Abschluss des Mietvertrages wie folgt (auf jeden Fall den genauen Grund angeben; zwingend erforderlich):
_____

### 3. MIETZINS
Der Mietzins beträgt monatlich 750,00 Euro inkl. Nebenkosten für 1 Person zzgl. Strom (Anbieter nach Wahl), inkl. W-LAN.
Der Mietzins für den o.g. Zeitraum vom 01.05.-31.10.2022 in Höhe von 4.500,00 Euro ist zu zahlen an Joachim Wichelhaus und zwar zum 01.05.2022 im Voraus auf das Konto DE13 4401 0046 0532 9204 60, BIC PBNKDEFFXXX, Postbank.
Die Miete ist im Voraus zu zahlen und die Überweisung muss vor dem Einzug auf dem Konto des Vermieters eingegangen sein.

### 4. KAUTION
Die Kaution in Höhe von 850,00 Euro ist zahlbar bei Vertragsabschluss und zwar an Joachim Wichelhaus auf das Konto mit der IBAN DE13 4401 0046 0532 9204 60, BIC PBNKDEFFXXX, Postbank. Die Überweisung muß per Beleg nachgewiesen werden. Die Kaution kann nicht mit der Miete verrechnet werden. Der WN kommt für die von ihm verursachte Beschädigung und den Verlust von Mobiliar und Inventar auf, auch über die Kaution hinaus. Der WA bewahrt die Kaution gemäß § 551 BGB auf.

### 5. ERSATZMIETER UND VORZEITIGER AUSZUG
Der Mietvertrag ist grundsätzlich nicht vor Ablauf der Mindestmietzeit kündbar. Zieht der Mieter vorzeitig aus, haftet er gleichwohl bis zum Ablaufdatum des Vertrages für dessen ordnungsgemäße Erfüllung. Die Stellung eines Ersatzmieters ist nur durch die immendo.de powered by MWZ Mitwohnzentrale Immobilien GmbH zulässig.

### 6. BENUTZUNG DER MIETSACHE
Die Mietsache darf nur zu den im Vertrag bestimmten Zwecken genutzt werden. Die Überlassung des Gebrauchs an Dritte ist nicht zulässig. Ausgenommen hiervon sind Personen, die sich besuchsweise in den Räumlichkeiten aufhalten. Der/Die WN übernimmt die Haftung für diese Personen. Tierhaltung ist ohne schriftliche Genehmigung des WA nicht zulässig.

## 7. INSTANDHALTUNG

Der/Die WN verpflichtet sich, die Mietsache und sämtliches Inventar schonend, pfleglich zu behandeln, die Mieträume ausreichend zu lüften und zu reinigen, benutztes Geschirr zu spülen, ebenso wie die Fenster inkl. Rahmen der gesamten Wohnung von innen und außen zu reinigen. Hygieneartikel dürfen nicht in der Toilette entsorgt werden. Mängel und Schäden sind unverzüglich anzuzeigen. Ist die Anzeige wegen einer unvorhergesehenen Gefahr oder weil sich die Schäden oder Mängel unverhältnismäßig ausweiten würden, nicht möglich, so sind die zum Schutz der Mietsache/des Inventars unbedingt erforderlichen Maßnahmen sofort zu ergreifen. Bauliche Veränderungen dürfen nicht vorgenommen, die Mietsachen nicht mit Einrichtungen versehen werden, es sei denn, dies ist zum Schutz der Mietsache erforderlich.

## 8. BETRETEN DER MIETSACHE

Der Wohnraumanbieter oder Beauftragte dürfen die Mietsache zur Prüfung ihres Zustandes oder zum Ablesen von Messgeräten in angemessenen Abständen und nach rechtzeitiger Ankündigung betreten.

## 9. RÜCKGABE DER MIETSACHE

Bei Ende der Mietzeit ist die Mietsache sauber und in ordentlichem Zustand zurückzugeben. Alle Schlüssel, auch selbst beschaffte, sind herauszugeben. Beim Verlust der Schlüssel haftet der Nutzer für die daraus entstehenden Kosten. Der/Die WN haftet für alle Schäden, die aus der Nichtbefolgung dieser Pflichten Mietnachfolgern oder dem WA entstehen.

## 10. SONSTIGE VEREINBARUNGEN

Die Wohnung ist laut Inventarliste möbliert (Bestandteil dieses Vertrages ist ein Übernahmeprotokoll, das bei Einzug erstellt und von beiden Vertragspartnern unterzeichnet wird). Ein Energieausweis laut Energieeinsparverordnung (01.11.2020) ist ebenso Bestandteil des Nutzungsvertrages. Schäden, die der Mieter während der Mietzeit am Inventar verursacht, müssen von ihm unverzüglich kostenpflichtig beseitigt werden. Mündliche Absprachen bedürfen zu ihrer Verbindlichkeit der Schriftform. Evtl. Rechtsstreitigkeiten durch unerlaubte Inanspruchnahme des Internets und daraus entstehende Kosten werden auch nach der Mietzeit von dem WN übernommen. Die Gebühr für die Endreinigung beträgt 100,00 Euro und wird am Ende der Mietzeit abgerechnet. Das Objekt wird während der Nutzungsdauer regelmäßig vom Nutzer gereinigt (alle Reinigungsmaßnahmen gemäß Punkt 7). Bei Verlust der Schlüssel haftet der Nutzer für die daraus entstehenden Kosten. Bei Nichteinhaltung der Hausordnung erfolgt eine fristlose Kündigung. Die ggf. anfallenden Telefon- und GEZ-Gebühren trägt der WN selbst. Der Nutzungsvertrag ist durch die Vermittlungs-/Nachweistätigkeit der immendo.de powered by MWZ Mitwohnzentrale Immobilien GmbH, Duisburg zustande gekommen.

Zur Weitergabe des Objektes an Dritte ist eine schriftliche Zustimmung der immendo.de powered by MWZ Mitwohnzentrale Immobilien GmbH zwingend erforderlich, andernfalls bleibt der WA weiterhin provisionspflichtig gemäß der in den Vermittlungsbedingungen genannten Provisionssätzen.

Der WN/WA bestätigt mit seiner Unterschrift, dass er vor Abschluss ausreichend Zeit hatte, den Nutzungsvertrag zu lesen, zu prüfen und zur Kenntnis genommen hat.

Duisburg, 22.02.2022

------------------------------------
Wohnraumanbieter
Joachim Wichelhaus

------------------------------------
Wohnraumnutzer
Joosang Kim

## W-LAN / Internet-Nutzung

### 1. GESTATTUNG DER MITBENUTZUNG EINES W-LANS / INTERNET-ZUGANGS
Der Inhaber betreibt in seinem Mietobjekt Gutenbergstr. 20, 47051 Duisburg einen Internetzugang über W-LAN. Er gestattet dem Gast für die Dauer seines Aufenthaltes eine Mitbenutzung des W-LAN-Zugangs zum Internet. Die Mitbenutzung ist eine Serviceleistung des WA und ist jederzeit widerruflich. Der Gast hat nicht das Recht, Dritten die Nutzung des W-LANs zu gestatten. Die Nutzung beginnt mit der Anmietung und endet gleichzeitig mit dem Ende des Mietvertrages.

### 2. VERFÜGBARKEIT
Der Inhaber übernimmt keine Gewähr für die tatsächliche Verfügbarkeit, Geeignetheit oder Zuverlässigkeit des Internetzuganges für irgendeinen Zweck. Er ist jederzeit berechtigt, den Betrieb des W-LANs ganz, teilweise oder zeitweise einzustellen, weitere Mitnutzer zuzulassen und den Zugang des Gasts ganz, teilweise oder zeitweise zu beschränken oder auszuschließen. Der Inhaber behält sich insbesondere vor, nach eigenem Ermessen und jederzeit den Zugang auf bestimmte Seiten oder Dienste über das W-LAN zu sperren (z. B. gewaltverherrlichende, pornographische oder kostenpflichtige Seiten).

### 3. ZUGANGSDATEN
Die Nutzung erfolgt durch Eingabe eines Codes. Die Zugangsdaten sind nur zum persönlichen Gebrauch des Gastes bestimmt und dürfen auf keinen Fall an Dritte weitergegeben werden. Der Gast verpflichtet sich, seine Zugangsdaten geheim zu halten. Der Inhaber hat jederzeit das Recht, Zugangscodes zu ändern.

### 4. GEFAHREN DER W-LAN-NUTZUNG, HAFTUNGSBESCHRÄNKUNGEN
Der Gast wird darauf hingewiesen, dass das W-LAN nur den Zugang zum Internet ermöglicht, Virusschutz und Firewall stehen nicht zur Verfügung. Der unter Nutzung des W-LANs hergestellte Datenverkehr erfolgt unverschlüsselt. Die Daten können daher möglicherweise von Dritten eingesehen werden. Der Inhaber weist ausdrücklich darauf hin, dass die Gefahr besteht, dass Schadsoftware (z. B. Viren, Trojaner, Würmer, etc.) bei der Nutzung des W-LANs auf das Endgerät gelangen kann.
Die Nutzung des W-LANs erfolgt auf eigene Gefahr und auf eigenes Risiko des Gasts. Für Schäden am Endgerät des Gastes, die durch die Nutzung des Internetzuganges entstehen, übernimmt der WA keine Haftung, es sei denn, die Schäden wurden vom WA vorsätzlich oder grob fahrlässig verursacht.

### 5. VERANTWORTLICHKEIT UND FREISTELLUNG VON ANSPRÜCHEN
Für die über das W-LAN übermittelten Daten, die darüber in Anspruch genommenen kostenpflichtigen Dienstleistungen und getätigten Rechtsgeschäfte, ist der Gast selbst verantwortlich. Besucht der Gast kostenpflichtige Internetseiten oder geht er Verbindlichkeiten ein, sind die daraus resultierenden Kosten von ihm zu tragen. Der Mieter ist verpflichtet, festgestellte Störungen, erkannten Missbrauch Dritter sowie Angriffe von außen unverzüglich dem Vermieter zu melden. Er ist weiter verpflichtet, die Belastung des Netzes durch gezielte und übermäßige Verbreitung von Daten, die unangemessene Störungen oder erhebliche Beeinträchtigungen des Netzbetriebes durch unsachgemäßen Einsatz von Hard- und Software sowie die Verwendung fremder bzw. falscher Namen oder die Manipulation von Informationen im Netz zu unterlassen.
Der Mieter ist verpflichtet, die Nutzung des Zugangs und die Sicherheit des eigenen Rechners selbst verantwortlich herzustellen sowie Dritten keinerlei Zugriffe zu gewähren, eine Parallelnutzung ist grundsätzlich untersagt. Ferner dürfen auf dem Rechner keine Serverdienste installiert und ausführbar sein, am angeschlossenen Rechner dürfen Internetdienste nicht angeboten oder weitergeleitet werden. Eine kommerzielle Nutzung ist untersagt. Dem Mieter ist jede gesetzeswidrige Nutzung, insbesondere hinsichtlich rassistischer, sexuell nötigender oder in die Rechte Dritter eingreifende Inhalte, untersagt. Darunter fällt auch illegaler Download von urheberrechtlich geschützten Bildern, Filmen und Musik usw. Die Nutzung von elektronischen Tauschbörsen ist verboten. Verstöße führen zur fristlosen Kündigung des Mietverhältnisses und zur Anzeige bei der Polizei. Der WN stellt den WA von sämtlichen Schäden und Ansprüchen Dritter frei, die auf einer rechtswidrigen Verwendung des W-LANs durch den WN und / oder auf einem Verstoß gegen vorliegende Vereinbarung beruhen, dies erstreckt sich auch auf für mit der Inanspruchnahme bzw. deren Abwehr zusammenhängende Kosten und Aufwendungen.

Duisburg, 22.02.2022

----------------------------------------      서명
Wohnraumanbieter      ----------------------------------------
Joachim Wichelhaus      Wohnraumnutzer
     Joosang Kim

# · 은행 서류 예시 (Bankdokumenten) ·

**Deutsche Bank**

04052 Leipzig
08 305E 62E9 1D E000 EAE9
DV 02.22 1,00 Deutsche Post
*00122564*1802*13755001*00000488*

Herrn
Joosang Kim
Fischerinsel 14
10179 Berlin

Deutsche Bank AG
Ausländische Studenten
Alter Wall 53
D-20457 Hamburg

Unser Zeichen: 700 / 0471946 - 2190014072

17.02.2022

**Joosang Kim, geb. 29.05.1998
Filialnummer 700 Kontonummer 0471946 00**

Sehr geehrte Dame, sehr geehrter Herr,

hiermit bestätigen wir Ihnen in Bezug auf das oben genannte Sperrkonto das Bestehen der folgenden Sperrvereinbarung. Das genannte Sperrguthaben ist per 16.02.2022 vorhanden.

Auf dem Konto wurde der folgende Sperrvermerk angebracht.

„Ein Guthaben in Höhe von 10.332,00 Euro (Sperrguthaben) ist gesperrt zu Gunsten der öffentlich-rechtlichen Gebietskörperschaft, der die für den jeweils aktuellen bzw. im Falle des Wegzugs aus dem Bundesgebiet für den letzten innerdeutschen Wohnort des Kontoinhabers zuständige Ausländerbehörde zuzurechnen ist (Sperrbegünstigte), vertreten durch diese Ausländerbehörde.

Der Kontoinhaber kann über das Sperrguthaben monatlich in Höhe von 861,00 Euro verfügen.

Die erstmalige Verfügung über das Sperrguthaben setzt im Falle der Eröffnung eines Sperrkontos die Unterzeichnung eines gesonderten Serviceauftrages durch den Kontoinhaber voraus. Den Serviceauftrag zur Freischaltung des Sperrkontos finden Sie auf unserer Homepage unter folgendem Link: https://www.deutsche-bank.de/pk/konto-und-karte/konten-im-ueberblick/internationale-studenten.html
Darüber hinaus sind Verfügungen über den gesperrten Betrag nur mit Zustimmung der Sperrbegünstigten möglich. Verfügungen über sonstiges Guthaben des oben genannten Kontos sind von dieser Regelung ausgenommen.

Sobald das Sperrguthaben gemäß dieser Vereinbarung verbraucht worden ist, erlischt die Sperre. Im Übrigen erlischt die Sperre nur, wenn der Bank eine ausdrückliche schriftliche Freigabe der Sperrbegünstigten vorliegt."

Bitte informieren Sie die für Sie zuständige Ausländerbehörde über die bestehende Sperrvereinbarung.

Vorsitzender des Aufsichtsrats: Paul Achleitner
Vorstand: Christian Sewing (Vorsitzender), Karl von Rohr, Fabrizio Campelli, Bernd Leukert, Stuart Lewis, James von Moltke, Alexander von zur Mühlen, Christiana Riley, Rebecca Short, Stefan Simon
Deutsche Bank Aktiengesellschaft mit Sitz in Frankfurt am Main, Amtsgericht Frankfurt am Main, HRB Nr. 30 000, Umsatzsteuer-Id.-Nr. DE114103379; www.db.com/db

Für diese Bestätigung belasten wir Ihr oben genanntes Konto mit dem auf dem „Zusatzblatt zur Eröffnung/ Verlängerung eines Sperrkontos für ausländische Studenten" angegebenen Entgelt.

Mit freundlichen Grüßen

Dieses Schreiben wurde maschinell erstellt und wird ohne Unterschrift versandt.

**Deutsche Bank**

Deutsche Bank AG
Ausländische Studenten
Alter Wall 53
D-20457 Hamburg

Herrn
Joosang Kim
Fischerinsel 14
10179 Berlin

branch/customer number - reference:
700/0471946 - 2190014072

17.02.2022

**Joosang Kim, born 29.05.1998**
**Branch number 700, account number 0471946 00**

Dear Sir or Madam,

In relation with your above mentioned account we confirm the following blocking agreement.
Sufficient credit was available per 16.02.2022.

The following blocking notice has been applied to the account:

"An amount up to 10.332,00 Euro (blocking amount) is blocked in favour of the local authority to which the foreigners office is assigned (blocking beneficiary), that has jurisdiction for the current place of residence of the account holder – or if the account holder has moved from Germany - to his/her last place of residence in Germany represented by his foreigners office.

The account holder can dispose of a monthly amount up to 861,00 Euro.

The first disposal from the blocked amount requires, in case of opening a blocked account, signing of a separate Service Order (Serviceauftrag) by the account holder.
You can download the form Service Order on our website under the following link:
https://www.deutsche-bank.de/pk/konto-und-karte/konten-im-ueberblick/internationale-studenten1.html

Further than the monthly disposals of the blocked amount are only possible by agreement by the blocking beneficiary. Further withdrawals on other credit balances on the above mentioned account are exempted from these regulations.

Chairman of the Supervisory Board: Paul Achleitner.
Management Board: Christian Sewing (Chairman), Karl von Rohr, Fabrizio Campelli, Frank Kuhnke, Bernd Leukert, Stuart Lewis, James von Moltke, Alexander von zur Mühlen, Christiana Riley, Stefan Simon.
Deutsche Bank Aktiengesellschaft domiciled in Frankfurt am Main; Local Court of Frankfurt am Main, HRB No 30 000; VAT ID No DE114103379; www.db.com

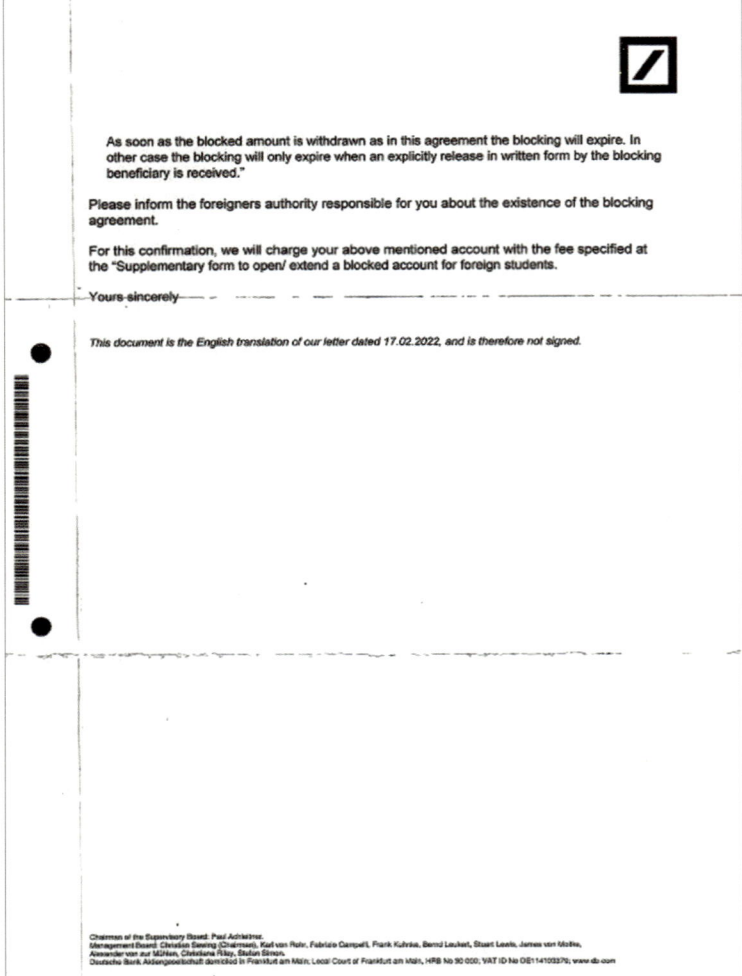

As soon as the blocked amount is withdrawn as in this agreement the blocking will expire. In other case the blocking will only expire when an explicitly release in written form by the blocking beneficiary is received."

Please inform the foreigners authority responsible for you about the existence of the blocking agreement.

For this confirmation, we will charge your above mentioned account with the fee specified at the "Supplementary form to open/ extend a blocked account for foreign students.

Yours sincerely

This document is the English translation of our letter dated 17.02.2022, and is therefore not signed.

# · 건강보험 가입확인서
## (Krankenversicherungsbescheinigung) ·

Techniker Krankenkasse, 20901 Hamburg

Herrn
Joosang Kim
App 44
Fischerinsel 14
10179 Berlin

**Fachzentrum
Mitgliedschaft/Beiträge**

Tel. 040 - 460 66 10 10

Geschäftszeichen
F557561435

14. September 2021

**Bescheinigung über die Versicherung bei der TK
Rentenversicherungsnummer: 65290598K017**

Guten Tag Herr Kim,

gern bestätigen wir Ihnen, dass Sie seit dem 1. Oktober 2016 bei uns als Mitglied versichert sind.

In der Kranken- und Pflegeversicherung sind Sie pflichtversichert.

Gern sind wir für Sie da, falls Sie Fragen haben. Rufen Sie uns einfach an.

Freundliche Grüße
Ihre Techniker Krankenkasse

Techniker Krankenkasse, Tel. 040 - 460 66 10 10
Telefonservice: Mo. - Do. 8 - 18 Uhr, Fr. 8 - 16 Uhr | tk.de
Vorstand: Dr. Jens Baas (Vorsitzender), Thomas Ballast (stellv. Vorsitzender), Karen Walkenhorst
Vorsitzende des Verwaltungsrats: Dominik Kruchen, Dieter F. Märtens

· 학교 서류 공증 예시(Beglaubigung/Apostille) ·

## Vorbeglaubigung(학교에서 받는 1차 공증)

# URKUNDE
## CERTIFICATE

HOCHSCHULE FÜR MUSIK HANNS EISLER BERLIN

Hiermit wird amtlich beglaubigt, dass die vor-/umstehende Abschrift/Ablichtung mit der vorgelegten Urschrift/Ausfertigung/ beglaubigten Abschrift/Ablichtung der/des übereinstimmt. Die Beglaubigung wird nur zur Vorlage bei _____ erteilt.

Berlin, den 19.1.22

DIE HOCHSCHULE FÜR MUSIK HANNS EISLER VERLEIHT MIT DIESER URKUNDE/
WITH THIS CERTIFICATE THE HOCHSCHULE FÜR MUSIK HANNS EISLER AWARDS

HERRN/MR. **Joosang Kim**
GEB. AM/BORN ON **29.05.1998**
IN/IN **Gwangju**

Die Echtheit der vorstehenden/umstehenden Unterschrift(en) des Rektors/der Rektorin, des Prorektors/der Prorektorin, des Leiters/der Leiterin der Fachabteilung, das/der Vorsitzenden des Prüfungsausschusses und die Echtheit des beigedruckten Dienstsiegels werden hiermit beglaubigt.
Zugleich wird bescheinigt, dass der/die Vorgenannte(n) nach den deutschen Gesetzen zur Ausstellung dieser Urkunde berechtigt ist/sind.

Berlin, den 19.1.22
Hochschule für Musik „Hanns Eisler"
im Auftrag

DEN AKADEMISCHEN GRAD/ THE DEGREE OF

## BACHELOR OF MUSIC (B.MUS.)

nach den deutschen Gesetzen zur Ausstellung dieser Urkunde/Bescheinigung berechtigt ist/sind.

NACHDEM DIE PRÜFUNG IM STUDIENGANG KLAVIER - BACHELOR OF MUSIC
BESTANDEN WURDE/ THE ABOVE NAMED STUDENT HAS SUCCESSFULLY MET
THE EXAMINATION REQUIREMENTS IN THE BACHELOR OF MUSIC DEGREE
PROGRAMME PIANO

Berlin, den 19.1.22
Hochschule für Musik „Hanns Eisler"
im Auftrag

BERLIN, DEN 21.02.2020
DATE ISSUED

ABTEILUNGSLEITER*IN
DEAN

REKTOR*IN
PRÄSIDENT

# Apostille(국가에서 발급하는 아포스티유 인증 예시)

## ·월세 완납 증명서 예시
### (Mietschuldenfreiheitsbestätigung) ·

Musik, Kultur, Studium

J KLASSIK · Katharinen Str. 18, 10711 Berlin

Joosang Kim
Fischerinsel 14,
App. 44
10179 Berlin

J KLASSIK
Katharinen Str.18
10711 Berlin
Telefon: 030/70081688
Telefax: 030/70081689
www.jklassik.com
klassik@jklassik.com

### Mietschuldenfreiheitsbestätigung

Berlin, den 15.02..2022

Sehr geehrter Herr Kim,

hiermit bestätigen wir Ihnen, dass Sie Ihren monatlichen Mietzahlungen für

das App. 44 (1.OG), Fischerinsel. 14, 10179 Berlin

von 01.06.2017 bis 31.03.2022

pünktlich nachgekommen sind und Ihr Mietkonto keine Rückstände ausweist. Rechtliche Ansprüche, unabhängig von welcher Art, können von Ihnen aufgrund dieser Bestätigung nicht abgeleitet werden. Irrtum und Nachberechnung bleiben ausdrücklich vorbehalten.

Mit freundlichen Grüßen
i.A. Jiyeong Im

J KLASSIK

**J KLASSIK**
Katharinenstr 18 * 10711 Berlin
Tel : +49 (0)30 7008 1688
Fax +49 (0)30 7008 1689
E-Mail klassik@jklassik.com
Internet http://jklassik.com

Dienstbüro:
Katharinen Str.18
D-10711 Berlin

Bürozeit: Mo.-Fr.-9:30 - 18:00 Uhr oder nach Vereinbarung
Deutsche Bank (BLZ 100 700 24) Konto: 312 1324 01
IBAN Code DE46 1007 0024 0312 1324 01
Steuernummer 1134-214-54800

# · 거주지 해지 확인증(Abmeldung) ·

## Abmeldebestätigung (거주지 해지 증명서)

**Bezirksamt Mitte von Berlin**
Abteilung Soziales und Bürgerdienste
Amt für Bürgerdienste - Bürgeramt Standort Wedding

**BERLIN**

BA Mitte, 13341 Berlin (Postanschrift)

GeschZ. (bei Antwort bitte angeben)
BüD 1 220
Bearbeiter(in): Frau Meraie-Gamalaldein
Dienstgebäude:
Osloer Str. 36
13559 Berlin
Zimmer
Durchwahl      (030) 9018 47669
Telefax         (030) 9018 47656
Internet:
http://www.berlin-mitte.de

Herrn
Joosang Kim

Datum  24.02.2022

Ihr Zeichen:            Ihre Nachricht vom:

**Abmeldebestätigung**

Zur Vorlage bei:

Die Meldebehörde bestätigt, dass

Familienname, Vornamen:    **Kim, Joosang**
seit dem                   **22.02.2022**
nach                       **Republik Korea**
abgemeldet ist.

Bemerkungen:    Die Auskunft beruht auf der Meldebehörde z.Zt. bekannten Daten
                zur Person.

Mit freundlichen Grüßen
Im Auftrag

Meraie-Gamalaldein

Fahrverbindung: U 8, U 9 (Osloer Str.), Bus 125, 128, 155, 250, Tram M13, 50
Sprechzeiten: nur mit Termin: Mo und Di 08.00-15.00 Uhr, Mi und Fr 07.00-14.00 Uhr, Do 11.00-18.00 Uhr
Bankverbindung: Postbank Berlin 100 100 10 Kto. 650530102, IBAN : DE42 1001 0010 0650 5301 02; BIC : PBNK DEFF XXX

## · 주독일 대한민국 대사관에서 공인한 통역사 및 번역사 ·

### 공인 통역사/번역사
작성자 : 주독일대사관 | 작성일 : 2019-09-30

**김혜란 (Frau Kim, Hea Ran)**
Tel.: 030-873 6333 / HP.: 0170-204 5414
Fax: 030-8620 9327

**김성권 (Herr Kim Sung-Kon)**
Tel.: 030-251 8439 / HP.: 0176-3049 5883
E-Mail: sk6224.kim@gmail.com

**노선정 (Frau Noh, Seon-Jeong)**
Tel.: 030-2180 2325 / HP. 0179-224 6744
E-Mail: info@seoninoh.com

**라혜숙 (Frau Ra, Hei-Suk)**
Tel.: 030-6342 9506 / HP.: 0157-544 684 00
E-Mail: nrahsk@naver.com

**전실옥 (Frau Lion, Sual-Ok)**
Tel.: 030-3270 7640 / HP.: 0171-171 2994
E-Mail: sualperle@t-online.de

독일 내 공인 번역사/통역사 조회("Koreanisch")
https://www.justiz-dolmetscher.de/Recherche/de/Suchen

## 온라인 커뮤니티

베를린리포트
berlinreport.com
독일에 거주하는 한인들의 온라인 커뮤니티 웹사이트

독일유학 제이클래식
https://jklassik.co.kr/contents/index.html
베를린과 서울에 위치한 독일유학원의 홈페이지, 가입 후 유학정보 열람 가능

페이스북 독일 유학생들의 네트워크
페이스북 페이지로 가장 활발한 온라인 커뮤니티

(페이스북 독일에서 살아남기, 독일에서 방구하기, 독일음악대학유학원서접수 정보나눔…)

주한독일대사관
www.seoul.diplo.de/kr-ko
한국 내 독일대사관, 공증 및 번역 서비스 제공

주독일 대한민국 대사관
www.overseas.mofa.go.kr/de-ko/index.do
독일 내 대한민국 대사관 홈페이지

주독일한국문화원
www.germany.korean-culture.org/ko
베를린에 위치한 독일 내 한국 문화원, 서양음악과 국악 기획공연을 종종 함